开放经济对中国旅游专业化的冲击效应研究

——基于京沪浙粤琼的案例分析与实证检验

熊娜 著

KAIFANG JINGJI
DUI ZHONGGUO LÜYOU ZHUANYEHUA DE CHONGJI XIAOYING YANJIU
——JIYU JING HU ZHE YUE QIONG DE ANLI FENXI YU SHIZHENG JIANYAN

南開大學出版社
天 津

图书在版编目(CIP)数据

开放经济对中国旅游专业化的冲击效应研究：基于京沪浙粤琼的案例分析与实证检验 / 熊娜著. —天津：南开大学出版社，2020.12
ISBN 978-7-310-05987-4

Ⅰ. ①开… Ⅱ. ①熊… Ⅲ. ①开放经济—影响—旅游业发展—研究—中国 Ⅳ. ①F592.3

中国版本图书馆 CIP 数据核字（2020）第 239499 号

开放经济对中国旅游专业化的冲击效应研究——基于京沪浙粤琼的案例分析与实证检验
KAIFANG JINGJI
DUI ZHONGGUO LÜYOU ZHUANYEHUA DE CHONGJI
XIAOYING YANJIU
——JIYU JING HU ZHE YUE QIONG DE ANLI FENXI YU
SHIZHENG JIANYAN

南开大学出版社出版发行
出版人：陈　敬
地址：天津市南开区卫津路 94 号　　邮政编码：300071
营销部电话：(022)23508339　营销部传真：(022)23508542
http://www.nkup.com.cn

北京虎彩文化传播有限公司印刷　全国各地新华书店经销
2020 年 12 月第 1 版　　2020 年 12 月第 1 次印刷
240×170 毫米　16 开本　9.25 印张　2 插页　168 千字
定价：38.00 元

如遇图书印装质量问题，请与本社营销部联系调换，电话：(022)23508339

前 言

伴随全球经济的持续放缓以及不确定性的上升，尤其是全球新冠肺炎疫情的深刻影响，如何挽救自身经济免受下行周期的不利影响和重大突发公共事件的灾难性冲击，已成为各国政府面对的难题。值此艰难时刻，中国作为世界第二大经济体，全球经济的重要组成部分，其经济状况和发展主张备受国际社会关注。国家主席习近平在众多国际国内场合多次阐明推动开放合作的中国方案。国务院总理李克强指出过去40年取得的巨大成就得益于改革开放。积极深入地开展国际战略合作，已成为谋求共度全球经济脆弱期中国方案的核心要义。

开展中国方案的理论研究既是大课题又是新任务。习近平主席指出，中国人民的梦想同世界各国人民的梦想息息相通，实现中国梦离不开和平的国际环境；各国虽然国情不同、发展阶段不同、面临的现实挑战不同，但推动经济增长的愿望相同，应对危机挑战的利益相同，实现共同发展的憧憬相同。进一步提升中国方案的国际认同，有助于促进中国与世界良性互动。当前中国方案为世界可持续发展提供了新路径，越来越为国际社会所接受与认可。为了推动中国方案得到国际社会的认同和采纳，进而促进合作，仍需要在国际话语体系建设中推进中国方案话语建构，深化相关的理论研究。

旅游服务贸易是中国方案理论研究的重要领域。中国旅游服务贸易实践，可以为世界各国特别是发展中国家提供中国方案。当前全球已经进入服务经济时代，服务业成为世界经济的一个重要增长极。中国经济正向服务型经济加速转型。服务进出口的持续快速扩大，是中国为世界经济发展贡献的生动实践，也将成为持续推动全球经济发展的重要动力（商务部综合司，2019）。作为我国第一大服务贸易领域，旅游服务贸易是中国改革开放的见证者，也是受益者，更是贡献者。面对错综复杂的国际环境，国内经济的下行压力，如何把风险和挑战转化为转方式、调结构、增动力的巨大势能？如何携手各国共进，把全球共享的机制做实、把全球合作的方式做活，把中国建设成为更高水平开放型经济新体制？中国旅游服务贸易实践，将为上述问题的研究提供丰富素材。

东部省市是中国方案的典型样本。中国发展模式鼓励摸着石头过河，从实践中找到改革开放的有效路径，从政策试点的落实情况中查摆问题，形成下一步打算，并将经验向全国推广。有鉴于此，本书将深入剖析几个典型地区——北京、上海、浙江、广东、海南特定时期采取的应对举措和转型路径。这些地区不仅是我国重要的旅游服务贸易区域，更是探索服务贸易提质增效的典型样本。事实上，随着北京服务业扩大开放综合试点、上海自由贸易试验区增设新片区、海南探索建设自由贸易港以及粤港澳大湾区建设的深入推进，我国将形成服务领域全方位对外开放新局面（商务部综合司，2019）。总结好上述东部典型地区的实践经验，有利于提出具有独创性、前瞻性的理论，以及体现中国立场、中国价值、中国智慧的理念和方案。

一个国家选择什么样的方案，关键是要看这套方案能否解决这个国家面临的现实挑战。因此，对以往重大挑战的创造性实践和经验总结，有助于夯实中国方案自信的基石。事实上，我国日益走近世界舞台中央，国际风险有可能迅速传导为国内风险。从历史维度剖析开放经济冲击下的发展规律，有助于把握风险的本质，提高驾驭趋势的能力。从这个意义上说，明确中国方案的实践内涵，提炼它的特征和规律，具有重大意义。有鉴于此，本书聚焦2007年至2010年东部五地相关实践。这一时期经历了引发全球经济动荡的美国次贷危机、全球金融危机和欧洲主权债务危机，也见证了我国成功举办具有全球影响力的2008北京奥运会和2010上海世博会。同时，基于1991年至2014年相关数据，进一步提炼东部典型地区旅游专业化冲击效应的特征事实、传导规律和典型模式。

本书对中国方案理论问题的探讨，将围绕开放经济对东部地区旅游专业化的冲击效应展开。旅游专业化水平描述了地区旅游服务贸易出口的发展以及当地经济对其依赖程度，是观察旅游服务贸易出口对宏观经济影响的重要指标。当外界环境大起大落，发挥旅游服务贸易的经济拉动作用，需要理解环境的不确定性对旅游专业化发展的影响。对此，本书不仅从开放经济视角研究旅游专业化冲击效应的理论内涵，还将系统梳理相关地区在高度不确定性时期的实践案例，观察旅游专业化冲击效应的长期规律，尤其是风险冲击之下旅游专业化在不同时期的变化特征。

目　　录

第一章　绪论

一、研究问题和目标

（一）研究问题

当前，全球经济发生深刻而复杂的变化，开展中国方案的经济学研究，有助于促进国际社会对中国方案的认同。提出中国方案，即认同世界经济发展路径的多样性。那么，在旅游服务贸易领域，如何理解这种多样性，并从多样性角度审视中国方案？旅游专业化经济效应的多样性，即旅游服务贸易出口与经济增长关系的多种可能结果，启发了本书的研究。抽象旅游专业化经济效应的多样性，需要思考两个方面的工作：一是如何创新学术话语体系，对多元化世界发展模式和中国方案进行整合，形成完备的概念体系？二是这种创新是否具备相关领域的经济学研究基础？对上述问题的回应，是沟通中国理念与国际认知的前提。

如何解析中国方案的经济学范式？本书认为应围绕中国方案的创造性观点，来深化经济基础理论研究，通过检验中国规律的存在，来支撑学术话语的创新。事实上，中国方案的创造性观点扎根于中国实践的成功模式，涵盖了中国方案研究问题的核心与关键，其官方表述来自国家领导人在相关场合的正式发声。有鉴于此，书中参考的中国方案的创造性观点包括"40 年的实践充分证明，改革开放是党和人民大踏步赶上时代的重要法宝"（习近平，2018）以及"过去 40 年取得的巨大成就得益于改革开放"（李克强，2019）。下面结合国家领导人的相关表述，进一步聚焦研究对象，凝练旅游服务贸易领域的规律性特征，提出研究问题。

"转方式、调结构不会一帆风顺，不可能一蹴而就，必然会遇到困难和阻力，但中国推进结构性改革的决心是坚定的，扩大开放的方针是明确的，不会有丝毫动摇"（习近平，2015）。对此，提炼中国方案的规律性观点表述如下：开放经济具有不确定性，但中国坚持推进开放实践。为支撑上述观点，需要围绕以下两个问题开展研究：一是什么是开放经济不确定性特征的主要表现形式？二是哪个时期窗口可以同时观察开放经济利好与不利影响下（即不确定性），旅游专业化领域中国坚持推进改革开放的具体实践？

“中国的开放举措，往往不是一揽子推出来的，每年甚至每个季度都在出，但回过头来看，积累起来就会带来想象不到的巨大变化”（李克强，2019）。有鉴于此，中国方案的规律性观点可以表述为“开放经济的影响具有积极性和长期性”。这种影响的主要内涵是什么，与地区经济是否存在联系，依据的基础经济理论是什么，能否予以量化和检验？具体到旅游专业化领域，尽管受开放经济环境、不确定性因素等影响，中国通过主动开放促进旅游专业化升级，如何从理论层面解读，从实践层面验证？

（二）研究目标

对以上内容的探讨构成了本书的主要研究目标：

一是通过厘清开放经济对旅游专业化冲击效应的理论内涵，创新学术话语体系，奠定中国方案的理论基础。国际事件作为开放经济的冲击来源，如何促使入境旅游国际收入在国民生产总值占比变动？作为回应，文中梳理相关理论并作为分析依据，尝试阐述开放经济对旅游专业化冲击效应的本质、基本概念及理论假说。

二是通过事件冲击机制及典型案例，模拟开放经济的不确定性情景，丰富中国方案的理论内涵。文中聚焦经济领域的典型危机事件与赛事会展方面的典型策划事件。前者，厘清国际经济危机对中国经济的主要影响，包括直接冲击效应及应对举措产生的间接效应。后者，明确赛事会展影响的冲击性质，包括区分冲击发生处于需求侧或供给侧，以及冲击存在的暂时性与长期性的关键影响因素。

三是通过特定时期、典型地区的政府干预案例分析，明确中国方案在省级层面“坚持推进开放实践”的具体内涵。此处，政府干预模式分析以冲击应对举措及转型路径为重点。作为回应，文中分析外向型经济驱动的典型地区以及典型国际赛事会展承办地的政府干预模式，分析全域推进旅游综合政策改革的典型地区的政府干预模式。

四是基于经济周期法分析旅游专业化冲击效应，获取中国方案的静态特征与规律。旅游专业化冲击效应的周期特征，即不确定性环境下旅游专业化波动的周期特征，旨在通过计量分析旅游专业化增长的稳定性，观察旅游专业化增长的抗衰退能力变化。同时，重大事件年份的旅游专业化冲击特征也被纳入考察范围。重点明确上述年份的旅游专业化冲击特征的共性与差异。

五是通过旅游专业化冲击效应的传导特征分析，实现不确定性及其影响等中国方案关键问题的量化和检验。书中拟检验开放经济下旅游专业化冲击传导机制的存在，挖掘典型地区传导机制的主要特征。基于上述特征，进一步梳理旅游专业化冲击传导机制的典型模式，考察有关地区旅游专业化增长能否将开放经济冲击效应转化为不同时期的增长动力。

二、研究对象和内容

（一）研究对象

1. 理论研究对象

"异质性"假说。特指旅游专业化经济效应的异质性，包括空间异质性与时间异质性。事件冲击效应是旅游专业化异质性现象的重要诱因，同时体现在空间异质性和时间异质性两个方面。

核心概念与理论内涵。包括引致冲击效应的事件与事件引致型冲击效应等核心概念，以及前者基于旅游危机管理与事件旅游研究的理论内涵，后者基于宏观经济周期研究的理论内涵。

传导机制与理论模型。前者包括突发事件引致型与策划事件引致型，刻画不同类型事件所对应的冲击传导机制。后者是在国际经济学"两国模型"基础上提出的开放经济下事件引致冲击效应理论模型。

2. 案例研究对象

辩证看待外部冲击的影响，既包括中国旅游专业化发展速度出现的负面效应，也包括负面效应倒逼发展转型升级的正面效应。有鉴于此，文中重点分析中国面临的重大外部冲击，以 2007 年至 2010 年的重大事件为研究对象，包括利空角度的美国次贷危机与欧洲主权债务危机，以及利好角度的 2008 年北京奥运会与 2010 年上海世博会。

系统观察东部典型地区，北京、上海、浙江、广东、海南同期采取的应对举措和转型路径。上述地区均为我国重要的入境旅游目的地。其中，北京与上海分别是奥运会和世博会的主要承办地；浙江、广东的外向型经济特征明显，对国际性经济领域危机反应尤为敏感；海南承接了国际旅游岛建设的国家战略性任务，旅游政策改革具有先行先试和全域推进的特殊性。

3. 实证研究对象

"周期"和"波动"是旅游专业化冲击效应的实证分析对象。尽管波动与周期往往在经济周期文献中交叉使用，但不适用于本书。周期概念比波动概念范畴更窄，只有呈现某种周期性特征的波动，才称之为周期（李天锋，2011）；而波动指变量中所有的变动，兼有周期、不确定性及风险等义（卢二坡，2007）。两者共同反映旅游专业化的冲击反应特征与规律。

（1）旅游专业化周期特征事实。旅游专业化波动水平扩张和收缩有规律的交替过程，以波动持续期、幅度、平均位势等统计事实提炼得到的经验规律。

（2）旅游专业化波动传导模式。波动特征分析更关注新息冲击引发的不确定性和风险，由其导致的当期旅游专业化偏离趋势值水平，以及趋势值由此而生的调整。

（二）主要内容

第一章梳理开放经济环境下旅游专业化的相关理论研究。本书从世界旅游、中国旅游等多角度呈现旅游专业化研究的历史背景，分析梳理旅游专业化的概念与理论内涵，提出旅游专业化经济增长效应的异质性现象，并从旅游服务贸易出口领域事件冲击与不确定性影响研究中挖掘冲击效应解释旅游专业化异质性特征的经验证据。

第二章分析旅游专业化冲击效应的理论内涵、机理与特征。本书结合经济周期理论、事件旅游等相关研究成果，阐述了冲击效应的经济学理论内涵。重点分析了开放经济下的不同类型的冲击响应机制，冲击效应的主要特征和研究方法。

第三章分析开放经济环境下的冲击事件的典型案例，重点研究事件影响。本书回顾了冲击中国旅游发展的典型事件，包括美国次贷危机和欧洲主权债务危机等国际性、传染型突发事件，2008 年北京奥运会和 2010 年上海世博会等国际性、超大型策划事件。

第四章研究上述典型事件冲击下京沪浙粤琼地方政府干预行为。其中，北京市、上海市作为北京奥运会、上海世博会等典型国际赛事会展承办地代表，浙江省、广东省作为典型外向型经济地区代表，海南省作为旅游领域推进综合改革政策的典型地区代表。

第五章从周期视角分析提炼京沪浙粤琼地区旅游专业化冲击效应的特征事实。借助周期分析的计量方法和统计指标，重点研究旅游专业化冲击效应的全时域特征事实和重大事件时段的特征事实。

第六章分析京沪浙粤琼地区的旅游专业化冲击传导机制及其特征。本书构建旅游专业化冲击传导机制的计量模型，并依托京沪浙粤琼数据对模型的有效性进行检验，进而归纳总结上述地区旅游专业化的冲击传导特征及主导模式。

第七章给出了本书研究的结论、启示和建议。

三、创新之处与不足

(一)创新之处

提出并解答以下问题,是本书的主要创新之处:受开放经济环境、不确定性因素等影响,中国是否通过主动开放促进旅游专业化升级? 鉴于本书是关于中国方案的理论深化与经验分析的探索性研究,其创新性可以从两方面阐述:

一是围绕中国方案的创造性观点,深化经济基础理论研究。中国方案的创造性观点来自国家领导人的相关表述,书中据此提炼旅游专业化研究领域中国方案的核心与关键。围绕上述内容,梳理相关理论并作为分析依据,阐述开放经济对旅游专业化冲击效应的本质、基本概念及理论假说。通过旅游专业化研究,提出异质性假说和冲击效应的相关概念,创新学术话语体系,实现对多元化世界发展模式和中国方案在该领域的整合,进一步夯实国际社会对中国方案的认同基础。

二是通过检验中国规律的存在,支撑学术话语的创新。中国方案源自实践,自当以实践来检验。本书聚焦开放经济下东部地区旅游专业化的发展,探讨旅游专业化冲击效应的变化规律,尤其是风险冲击之下旅游专业化在不同时期的变化特征。一方面运用经济周期法分析旅游专业化冲击效应,获取中国方案的静态特征与规律。另一方面,通过旅游专业化冲击效应的风险传导特征分析,实现不确定性及其影响等中国方案关键问题的量化和检验。

(二)不足和展望

开展中国方案的理论研究既是大课题又是新任务。开放经济视角下,冲击的形式多样,包括基础层面的经贸活动,以及上层建筑的经济规则。随着中国对外开放程度持续加大,受到开放经济环境的影响也将由表及里。近年来,有关经济体利益冲突日益加剧,经济规则的碰撞逐渐成为冲击的主导形式。对此,在旅游服务贸易领域,本书只是一项初步的探索,存在不足和有待深入的地方。

囿于公开资料和发展规律的制约,书中聚焦基础层面的经济活动,采用相关部门口径一致的贸易数据,对北京等东部典型地区展开研究。上述研究路径,虽然发挥了集中力量攻克基本理论问题的优势,但也导致观察视野过于局限。随着实践发展和数据积累,适当扩充研究样本,有助于理论研究的深化,既可行也尤为迫切。未来研究中,笔者将丰富观察地区样本,拓展时间窗口,丰富事件类型,强化经济规则的比较研究,为新时期中国方案的理论研究和案例库建设提供参考。

第二章 开放经济下旅游专业化的理论研究

提出中国方案，即认可世界经济发展具有多元化特征。那么，在旅游服务贸易领域，如何理解这种多元化，并从多元化的视角来审视中国方案？回应上述问题，是理解国际认同的前提，也是中国方案亟待解决的基本问题。本章从世界旅游、中国旅游等多角度呈现旅游专业化研究的历史背景，分析梳理旅游专业化的概念与理论内涵，提出旅游专业化经济增长效应的异质性现象。由此引申，提出旅游专业化异质性，抽象旅游专业化变动作为旅游服务贸易出口与经济增长关系的多种可能结果，即多元化。从旅游服务贸易出口领域事件冲击与不确定性影响研究中挖掘冲击效应解释旅游专业化异质性特征的经验证据。

第一节 旅游专业化研究的历史背景

一、世界旅游服务贸易的发展历程①

当旅游活动发展到一定规模之后，旅游业真正成为了一种专业化现象。早期旅游活动只出现在一定的区域内，没有出现国际化和大众化的趋势。近代以来，人类旅游活动规模迅速扩大，空间越来越广泛，旅游业随之产生并成为一种显著的经济社会现象。从活动内容来说，旅游六要素"食、住、行、游、购、娱"在这一时期已经得到充分体现。旅游设施和服务商品化催生了众多旅游企业。除了饭店和旅游经营商之外，还产生了很多旅游娱乐企业、交通企业等。总体来说，到了近代，围绕旅游活动的基本要素，逐渐形成了旅游业的基本产业体系，包括旅游住宿业（酒店业、旅馆业）、旅游餐饮业、旅游交通业、旅游景区、旅行社等。

第二次世界大战后，全球旅游业保持了高速、持续、稳定的增长。旅游史研究一般将"二战"后的旅游业称为现代旅游业。从世界范围来看，现代国际旅游活动主要集中于欧洲、北美和亚太地区，其他地区所占比重很小。就世界旅游业

---

① 本部分参考了李金早《当代旅游学》上册相关章节内容。

收入增长速度而言，60 年（1950—2010）年平均增长率为 6.9%，基本上每十年左右就会翻一番。世界旅游业收入增速明显高于同期世界经济年均增速。根据世界旅游组织公布的数据，截至 2010 年，国际旅游经济总量占全球国内生产总值（Gross Domestic Product，简称 GDP）的 10% 以上，旅游投资占投资总额的 12% 以上。世界旅游组织《2016 全球旅游报告》数据显示，2015 年世界国际旅游收入达 12600 亿美元，是 1950 年的 630 倍。总体增速明显高于同期世界经济年均增速（按每十年作为一个周期来测算，年平均增长率一般在 3%~4%）。

随着新时期的发展，现代旅游业日益和经济社会各领域相融合，成为各国经济社会发展事业的重要组成部分。许多国家或地区越来越重视开发利用本国或本地区旅游资源吸引异国或异地居民前往本国或本地区进行旅游活动，以此作为拉动本国或本地区经济增长的重要力量。随着全球最大产业地位的确立，关于旅游业地位和作用的认识发生了改变，如先导产业、支柱产业、战略性支柱产业等（刘睿等，2013）。越来越多的国家和地区制定了以旅游为导向的发展战略。美国、法国、日本等许多发达国家都把发展旅游业作为国家战略，在国家层面成立集中统一的旅游事务管理部门或多部门参与的旅游政策协调机构，各级财政增加导向性投入，改善公共服务设施，提高国际旅游竞争力。许多国家元首、政府首脑和政要亲自宣传本国旅游，甚至担任“旅游大使”，把旅游作为参与国际事务的平台或媒介，积极扩大国际影响力。

2008 年国际金融危机爆发以后，旅游业更是成为各国应对经济危机、促进经济复苏、培育新经济增长点的重要手段。如西班牙政府通过“旅游促进计划”，决定 2008 年至 2020 年间年均投入 15 亿欧元，用于促进旅游业发展；墨西哥将“国家旅游发展计划”列为法律，并把 2011 年定为“旅游年”。与此同时，希腊、西班牙等国因欧洲主权债务危机，经济发展受损严重，旅游发展加剧去工业化现象，引起了人们对旅游专业化可能产生荷兰病的担忧。

二、中国旅游服务贸易出口战略及演变

改革开放之前，中国旅游业承担着重要的对外宣传中国建设成就、加强国际友好往来的政治任务，在扩大我国政治影响等方面做出了重要贡献。总体来看，从新中国成立到 20 世纪 70 年代后期，旅游业更多的是一种“事业型”运营机制，尚不具备“产业化运营”的条件。改革开放以后，中国旅游业逐渐从外事接待工作中分离，并逐步加快了产业化进程，成为国民经济中发展速度最快的行业之一。进入 21 世纪以后，在世界贸易组织（World Trade Organization，简称 WTO）的进一步推动下，中国旅游服务贸易的规模与结构经历了深层次转型。

（一）中国旅游服务贸易发展的历史进程

从总体进程来看，1980 年以前，旅游业总体规模较小，“六五”期间（1981—1985 年），入境旅游有了较大提高，国内旅游开始起步；“七五”期间（1986—1990 年），入境旅游不断发展，国内旅游也有较大发展；“八五”期间（1991—1995 年），入境旅游取得长足进步，国内旅游则异军突起，是旅游业发展速度最快的时期；“九五”期间（1996—2000 年），旅游产业基础逐渐夯实，旅游经济取得稳步进展，2000 年的入境旅游收入为 162.24 亿美元，大约是 1990 年的 7 倍。在旅游业的带动下，外汇收入水平也在不断地提升。“十五”以来，在世界旅游业整体负增长形势的影响下，中国旅游业逆风前行，但增长速度有所下降。截取 2008 年到 2017 年十年的数据作为参照来分析中国旅游服务贸易出口情况，出口额从 2008 年的 410 亿美元到 2017 年的 387 亿美元，虽然之间有向上向下波动的年份，其上浮下跌幅度也不大，总体处于基本稳定的状态（张朝云，2019）。

中国旅游服务贸易的发展经历了三次较大的波折，但跨境出口始终保持着中国第一大服务出口部门地位。第一次冲击出现于 20 世纪 80 年代后期，第二次出现于 2003 年“非典”期间，第三次则是 2008 年由美国次级债引发的全球金融危机期间。根据相关的统计数据，1998 年旅游服务出口占服务总出口的一半，这一比例一直延续至 2002 年。2008 年以来，旅游服务出口比重略有下降，但是旅游服务出口仍然占据了服务贸易出口的最大份额，始终是中国服务贸易收支的主要来源。事实上，中国旅游服务贸易的增长速度远远领先于世界旅游服务贸易的增长水平。从跨境旅游服务贸易出口的增长速度看：1979 年至 1992 年，中国旅游服务贸易出口年均增长 17.51%，同时期世界平均增长率为 12.17%；1993 年至 1999 年，中国旅游服务贸易出口平均增长率为 18.16%，世界平均增长率为 4.6%；加入 WTO 以来，中国跨境旅游服务贸易出口期间年均增长率为 16.91%，同期世界平均年增长率为 9%（梁峰，2010）。

（二）中国政府大力推动旅游服务贸易发展

从进程来看，中国旅游服务贸易的发展始终离不开政府的积极推动。中国旅游业发展过程中政府的作用基本上保持了与旅游业发展过程的匹配与适应：从新中国成立初期以外交为目的的旅游国际交往，到改革开放以获取外汇收入为发展资金的入境旅游业的繁荣，再到金融危机以来以旅游服务贸易结构的调整，整个过程中政府都发挥了极其重要的作用。在党和政府一系列加快旅游业发展举措的直接推动下，旅游业成为中国最早对外开放的行业和最早同国际接轨的一个领域。

1979年邓小平同志提出了“旅游事业大有文章可做，要突出地搞、加快地搞”，相继对旅游业发展做出了五次重要的指示。1984年中共中央提出了国家、地方、部门、集体、个人一齐上，自力更生与利用外资一齐上的旅游发展和建设指导方针，拉开了全方位发展旅游业的序幕。1986年国务院将旅游业正式写入国民经济与社会发展“七五”计划，将旅游业确定为国民经济体系中的一个支柱产业，从而正式确立了旅游业的国民经济地位，“七五”计划对于旅游业国民经济地位的确立也在国家层面上实现了旅游业由事业型向产业型的实质性转变。1992年中央更是明确提出旅游业是第三产业中的重点产业。随后，中共中央提出《关于制定经济和社会发展“九五”计划和2010年远景目标纲要的建议》，旅游业被列为第三产业中需要积极发展的新兴产业序列的首要位置。1998年中央经济工作会议提出旅游业作为国民经济新的增长点。

随着旅游业被确立为国民经济新的增长点之一，各级地方政府普遍重视旅游业对于带动地方经济发展的巨大作用，纷纷出台旅游业发展的鼓励性政策、措施。政府推动下的旅游业产业化运营大大促进了中国旅游业的发展，贸易重心出现了“东进”“北上”等比较明显的转移过程。其中，“东进”过程发生在20世纪末期至21世纪初期阶段，旅游服务贸易发展重心由珠三角逐渐东迁至以江浙沪为代表的长三角区域，并在东南沿海一带形成了一个较长的旅游服务贸易发展连绵带，这条连绵带由广东、福建、浙江、上海、江苏等省市组成。“北上”过程主要发生于最近几年，尤其是环渤海发展战略提出以后，主要路径表现为经由长三角沿海地带向华北和环渤海方向发展。旅游服务贸易的发展路径与中国经济发展的轨迹高度一致，即沿着珠三角——长三角——环渤海（未来）一线，并逐渐成为中国享誉世界的旅游目的地（梁峰，2010）。

进入21世纪尤其是加入WTO以来，从旅游政策法律体系到旅游相关产业标准化的制定，中国旅游服务贸易的制度环境和产业发展环境取得了丰硕的成果——从区域旅游目的地合作，到区域旅游资源整合重组，再到世界著名旅游目的地的建设。但随着亚洲金融危机、美国次贷危机和欧洲主权债务危机的冲击，入境旅游市场出现疲软，良好的发展态势遭到重挫。欧美金融危机的深度和覆盖范围前所未有，对国际旅游市场的影响非常明显，尤其是对入境旅游市场以及旅游投资的冲击。为应对全球范围的金融风暴，中国政府先后出台经济刺激方案，缓解金融危机的冲击。中国政府的全力支持为中国旅游服务贸易的发展提供了良好的政策环境。

三、发展范式辨析与旅游专业化战略

(一)入境旅游经济增长驱动理论概述

如前所述,世界旅游贸易的发展证明了旅游服务驱动经济增长战略的重要性,使旅游服务出口与经济增长之间的关系成为学术界研究的焦点(周文丽,2010)。旅游经济学家提出了"旅游带动经济增长假说(Tourism-Led Growth Hypothesis, TLGH)",将入境旅游活动作为一种无形的出口,突出入境旅游收入的外汇性质(Arslanturk, Balcilar, Ozdemir, 2010)。该理论认为入境旅游能够从三方面带动出口国经济的增长:一是促进本地旅游部门与国外旅游目的地的竞争,从而提高其效率(Bhagwati, 1979; Krueger, 1980);二是出口所得的外汇有利于扩大生产规模,从而实现规模经济(Soukiazis, Proenca, 2008);三是有利于吸引外国投资(陶金龙,等, 2004;苏继伟,邱沛光, 2005;陈友龙,等, 2006; Nowak et al,2007)。

(二)旅游出口驱动经济增长具有异质性

旅游发展对经济增长影响效应可能会因国家的不同而具有异质性(赵磊,2014)。这种异质性对应以下假设:作为一个决定经济增长的独立因素,旅游与经济增长的关系是由其传导机制决定的,也就是说,在不同的经济发展环境中由于其传导机制的差异而造成在某些情况下旅游推动经济增长,某些情况下旅游被经济增长推动,某些情况下两者相互推动的现象。旅游发展和经济增长关系通常借助格兰杰因果检验来验证(Brida, Pulina, 2010),不仅证明了TLGH的普遍成立,还揭示了两者双向和反向关系的存在(刘睿,李立华, 唐伟,2013)。

异质性的表现之一,是旅游出口驱动经济增长并非对所有国家成立。不似出口驱动经济增长,旅游出口并非适用于所有国家。科尔特斯等人(Cortes et al, 2009)提出旅游不同于传统出口,在探讨旅游对经济增长的影响时简单套用出口驱动经济增长理论的做法是不合适的,因此,在综合考虑出口驱动型经济增长假说和旅游驱动型经济增长假说的基础上,他们对西班牙和意大利的情况进行了比较分析。结果表明,出口推动了西班牙和意大利的经济增长,而入境旅游只对西班牙经济增长具有促进作用。

异质性的表现之二,是旅游与经济关系驱动方向因国家而异。欧(Oh, 2005)的研究证明韩国经济的扩张有利于国际旅游业的发展,但国际旅游业的发展却不能引起经济的增长。作者解释这是由于韩国经济具备明显的外向型特征，其国内经济的快速扩张与国际贸易的开展是紧密联系的，因此国内经济的增长有利于吸引国际旅游者，造成经济增长单向促进国际旅游发展的现象。韩国学者的观点得到了国际同行的重视，在随后的研究中得到频繁引用，被称为“经济驱动旅游增长假说（Economic-Driven Tourism Growth，简称 EDTG）”，并且在对意大利、塞浦路斯等案例研究中都得到了证实。

（三）旅游驱动型经济增长异质性的影响因素

上述国家之间异质性可以借助其他经济因素识别。学者在描述不同国家旅游发展与经济增长关系内在差异时，将面板数据按照人均收入、区位要素或其他方法再进一步分类能部分解决国家间数据异质的问题。因此，引入旅游专业化程度等门槛变量被部分学者认为是能将该领域研究进一步推动的重要方法。

有的学者借助门槛时间序列自回归模型，以国际旅游专业化作为门限变量，将 88 个国家 1995 年至 2005 年面板数据分为三组，证明国际旅游发展对经济增长影响并不显著（Po, Huang, 2008）。旅游专业化程度（定义为国际旅游收入占 GDP 的比重）作为门限变量，当旅游专业化程度低于 4.05% 或高于 4.73% 时，旅游对经济增长有显著的促进作用；当介于两个门限值之间时，旅游驱动经济增长假说不成立，证实了旅游专业化对经济增长影响的门限值的存在。作者进一步分析指出，相对较低的服务业附加值占国内生产总值的比率，以及单位国家面积的森林蓄积面积是决定部分国家旅游无法促进经济增长的重要原因。

第二节　旅游专业化的概念、内涵与特征

一、旅游专业化概念与理论内涵

旅游专业化程度已被很多学者认为是影响旅游发展对经济增长推动作用的重要因素。旅游专业化程度指一个国家或地区旅游业在整体经济中所占比例，可代表该国或地区经济对旅游业的依赖程度。一般而言旅游专业化程度的衡量指标有两个：入境旅游收入占 GDP 的比例，或者入境旅游收入占出口值的比例（周文丽，2010）。因为各国统计国内旅游时使用标准不尽相同，通常情况下使用入境旅游收入来计算（Lanza，Pigliaru，1995、2000；Po，Huang，2008；Figini，Vici，2010；Brau et al，2007；Holzner，2011；María et al，2013；Jalil et al，2013；Can Tansel Tugcu，2014；Antonakakis et al，2015；Tang，Tan，2015；Bojanic，Lo，2016）。国内关于省际旅游发展与经济增长关系研究，往往采用原国家旅游局提供的旅

游总收入（涵盖国内旅游和入境旅游收入）替代国际旅游收入，以其所占 GDP 比重来表示旅游依赖水平（赵磊，2012；赵磊，毛润泽，2013；左冰，2013；赵磊，方成，吴向明，2014；何昭丽，孙慧，2015）。

旅游专业化概念由兰扎和皮利亚鲁（Lanza，Pigliaru，1995）提出，其研究将卢卡斯（Lucas，1988）内生增长模型用于旅游专业化与经济增长关系的分析。类似地证明只有当工业产品和旅游产品之间的替代弹性较高的时候，旅游专业化才不利于经济增长。研究假设一个由两个部门组成的经济体。在这个经济体中人力资本的积累是增长引擎，采取的是“边做边学”的独特形式，确保实现完全竞争。生产部门产出公式如下：

$$y_i = h_i L_i\ (i=1,2) \qquad (2.1)$$

其中 h_i 是人力资本，人力资本决定了该部门的劳动生产率，L_i 是分配给该部门的劳动力。此处，假设所有现有国家的总劳动力规模相同（L=1）。在每个领域，边做边学的潜力都由一个常量 λ_i 定义。制造业（M）是“高科技”部门，因此 $\lambda_M > \lambda_T$，其中 T 代表旅游业。在每一个时期，由于知识积累是由外部经济的边做边学驱动的，外部经济将同一部门内的所有企业联系在一起，没有部门间的溢出效应，h 的增长只是与该部门的产出成正比，因此：

$$\frac{\dot{h}_l}{h_i} = \lambda_i L_i \qquad (2.2)$$

国际贸易将迫使所有国家完全根据它们在贸易开放时所拥有的比较优势进行专业化。因此，一个国家的增长率取决于这种完全的专业化。如公式（2.3）所示：

$$\frac{\dot{y}_l}{y_i} = \lambda_i \qquad (2.3)$$

因此，以 M 为单位的国家的生产率增长速度要快于其他国家的生产率增长速度（以 T 为单位）。然而，由于各国的偏好假设都是相同的，贸易条件以恒定的速度有利于增长缓慢的商品——旅游业。在不变替代弹性函数（CES）偏好下，$p \equiv p_T / p_M$ 的变化率等于 $\left(\frac{\dot{y}_M}{y_M} - \frac{\dot{y}_r}{y_r}\right)\sigma^{-1}$，其中 σ 为替代弹性。完全专业化，得到公式（2.4）：

$$\dot{p}\ /p = (\lambda_M - \lambda_T)/\sigma \qquad (2.4)$$

现在比较两种可用的专业化模式在共同商品（例如，M）方面的增长率，发现旅游业是增长最大化的专业化。如果满足公式（2.5）：

$$\frac{(\lambda_M-\lambda_T)}{\sigma}>(\lambda_M-\lambda_T) \quad\quad (2.5)$$

即，$\sigma<1$。换句话说，如果国际贸易条件的变化足够快，足以抵消部门生产率增长的差异，那么旅游业对增长没有害处。要做到这一点，这两种货物不能紧密替代。因此，在评估一个专门从事旅游业的经济体的长期后果时，工业品和旅游业之间替代弹性的经验价值是一个重要的证据。兰孔（Lanza）利用国际经济合作与发展组织（Organization for Economic Co-operation and Development，简称OECD）有关国家的数据集发现，在大多数情况下 σ 确实小于 1。该研究成果是对这一研究领域的重要开拓（Figini，Vici，2010），视为旅游发展和经济增长关系研究的理论起点（刘睿，2013）。事实上，为刻画旅游发展专业化对经济增长关系，我国省级层面实证研究的理论模型一般以上述研究成果为基础。

二、旅游专业化经济增长效应的异质性

旅游专业化与经济增长的关系是学术界关注的焦点之一。二者的关系研究主要集中在两个方面：一是旅游专业化对国家经济增长是有利还是不利；二是旅游专业化对经济增长的作用因国家规模不同而有差异（Lanza，Pigliaru，2000）。上述两类特征被视为旅游专业化异质性在不同国家的具体体现。综上，此处将这种异质性归纳为两个方面：一是旅游专业化促进经济发展不适用于所有国家。有的国家发展旅游专业化，不仅促进经济增长，甚至成为具独立性的增长因素。有的国家推进旅游专业化导致荷兰病效应。另一方面，相同国家处于不同的旅游专业化阶段，具有不同的经济影响特征。这种阶段转换的条件被称为“门限值”。门限值明确了旅游专业化促进经济增长成立与否的条件，只要条件成立结论将发生转变，同期不同地区如此，同地区不同阶段亦然。

（一）旅游专业化经济效应的空间异质性

就某些国家而言，旅游专业化是决定其经济增长的独立因素。学者对部分国家研究指出，发展旅游专业化有利于其经济增长，且增长率高于非旅游专业化国家；旅游不仅作为一个产业或经济部门对整个经济体做出贡献，而且成为决定经济增长的独立因素。旅游专业化有利于国家的经济增长，且增长率高于非旅游专业化的国家（Brau，et al，2007；Sequeira，Nunes，2008；Holzner，2011）。布罗等（Brau et al，2003）采用曼昆－罗默－威尔模型（Mankiw-Romer-Weil model，简称 MRW 模型）研究了全世界 143 个国家的专业化与经济增长关系。143 个国家被分为 4 组，逐一控制解释变量进行回归，证明“小型旅游化国家”（Small

Tourism Country，简称 STC）的经济增长率较高。作者进一步运用曼昆 - 罗默 - 威尔模型（Mankiw-Romoer-Weil model，简称 MRW 模型）分析经济发展水平、储蓄和投资倾向、对外开放程度等因子，对 STC 的高经济增长率的影响。分析结果显示，初始人均 GDP、对外开放程度等因子均不是 STC 拥有较高经济增长率的原因。而且，比较 STC 与其他国家的初始人均 GDP、储蓄和投资倾向、对外开放程度等指标，两组样本并没有明显差异。上述结果表明，这些因子不是造成 STC 经济增长率高于其他国家的原因。因此，MRW 模型不适用于 STC，旅游专业化是独立的决定经济增长的因素（independent determinant）。与布劳（Brau）等的研究结论类似，霍尔兹纳（Holzner，2011）也发现即使在初始产出水平、物质资本和人力资本等因子被控制以后，旅游专业化程度较高的国家仍然拥有较高的经济增长率。研究指出，旅游收入较高的国家不仅拥有较高的经济增长率，其投资率、中等学校入学率、对外开放程度和税收收入也较高，而且汇率扭曲率低，同时旅游发展也并不意味着更高的国内价格水平。因此，其认为旅游能够通过物质资本和人力资本等传导渠道来间接地促进经济增长，这成为旅游是决定经济增长独立因素观点的证据。

然而，旅游专业化并不必然促进经济增长，并且可能产生荷兰病效应。保罗和劳拉（Paolo，Laura）基于 150 个国家 1980 年至 2005 年的面板数据，分析旅游专业化与经济增长之间的关系，得出与布劳等（Brau et al，2007）相反的结论：旅游专业化国家的经济增长率并不比旅游非专业化国家的经济增长率高。还有研究显示旅游高度专业化即旅游依赖度高[①]可能会产生荷兰病效应、挤出效应等负面影响（何昭丽，孙慧，2015）。贾维尔等（Javier et al，2005）研究西班牙旅游和经济发展关系，发现由于西班牙凭借得天独厚的旅游资源，尽管发展成了世界第一大旅游目的地国家，但因为经济对旅游业的过度依赖，旅游业发展占据了大量土地、劳动力、资金等生产要素，制约了西班牙其他产业的发展，造成经济长期增长缓慢，远落后于欧盟其他国家，即出现过度依赖旅游业的“荷兰病”现象。欧债危机也引起人们对旅游专业化与去工业化关系的反思。希腊、西班牙、葡萄牙及爱尔兰等国因工业实力弱更容易陷入危机，此类国家因欧债危机经济发展受损严重，使旅游发展去工业化现象尤为凸显（李永群等，2011）。

（二）旅游专业化经济效应的时间异质性

国外研究显示旅游专业化对国家的经济增长具有门限效应（Adamou，Chlo-

① 无论学术界还是实践界均没有一个准确的定义：旅游专业化程度达到多高可以定义该目的地为旅游依赖型。

rides,2009; Po,Huang,2008; Chang,Khamkaew,McAleer,2009)。为了验证旅游发展对经济增长影响的非线性关系,阿达穆和克莱里季斯(Adamou, Clerides, 2009)在旅游经济计量模型中同时纳入旅游专业化一次项与二次项,以162个国家1990年至2005年面板数据为研究样本,发现旅游专业化对经济增长影响关系呈倒U型,旅游专业化门限值为20.8%,当旅游专业化高于门限值之后,尽管旅游发展仍对经济增长存在有效作用,但影响效应逐渐减小,此时应及时调整地区产业发展战略。有研究基于亚洲、欧洲、非洲及拉丁美洲等131个国家1991年至2008年面板数据,通过引入面板门槛回归模型,检验旅游发展与经济增长之间的非线性关系(Chang et al, 2009)。研究发现两个内生的门槛变量14.97%和17.50%将旅游专业化程度划分成三个区间。结果显示,在旅游专业化门限值为小于14.97%,或处于14.97%与17.5%之间时,旅游发展显著促进经济增长;当旅游专业化门限值高于17.5%时,旅游专业化与经济增长之间没有显著关系。

就我国来看,已有学者研究指出异质性的存在。何昭丽和孙慧(2015)对西部11省区(除西藏外)2000至2013年数据综合运用索洛增长模型和萨克斯-华纳模型(Sachs-Warner model, 简称S-W模型),求证西部民族地区旅游依赖(旅游专业化)对经济增长的影响,发现西部民族地区旅游依赖程度与经济增长率之间呈现倒U型的曲线关系(即库兹涅茨曲线),旅游对经济的影响将逐渐由祝福转变(促进增长)为诅咒效应(阻碍增长)。证明非线性关系的存在,即状态转换条件的存在,那么省级层面旅游发展与经济增长关系多样化实则为不同条件下的各地所处的阶段性状态。

三、游专业化经济增长效应异质性的原因分析

(一)空间异质性的影响因素分析

人口规模小的国家被视为重要的影响因素(Brau et al,2007; Lanza,Pigliaru, 2000; Figini, Vici, 2010)。最具代表性的论点是,小型旅游专业化国家(Small Tourism Specializing Countries,简称STSC)经济增长率高于其他非旅游专业化国家。布罗等(Brau et al, 2007)认为在国家规模小是否不利于经济发展的争论中,旅游所起的作用不应该被忽视,一般情况下,国家规模小不利于经济发展,但是对于一个正在实施旅游专业化的小国家来说,情况刚好相反。研究采用143个国家1980年至2003年面板数据证实了上述论点,即人口规模小的国家只有在旅游专业化程度很高的情况下才会出现旅游业成为经济增长的驱动因素。兰扎和皮利亚鲁(Lanza, Pigliaru, 2000)赞同上述观点,旅游专业化国家一般都是

规模较小的国家。人口规模影响旅游专业化经济效应,并不总是成立。塞凯拉等(Sequeira et al,2008)的研究则表明旅游专业化对国家经济增长的影响与国家规模大小无关,旅游专业化对小规模国家的影响并不比其他国家的影响更大。

也有研究指出,经济禀赋和经济发展水平也会影响旅游专业化经济异质性。不过,兰扎和皮利亚鲁(Lanza, Pigliaru, 2000)发现的影响因素不止有人口规模。事实上,旅游专业化国家经济的快速发展可归因于拥有丰富的、可再生的自然资源,是发展旅游专业化的比较优势所在。有学者研究世界发展指数(World Development Indicators,简称 WDI)数据库中 1995 年至 2014 年所有报告旅游与经济数据的"小岛屿发展中国家"(Small Island Developing States,简称 SIDS)面板数据,出现旅游专业化对旅游与经济发展关系确有调节效应,但主要是在经济发展水平更高的经济体(Daid et al,2016)。

(二)时间异质性的影响因素分析

菲希尼和维奇(Figini, Vici, 2010)将全球 150 个国家 1980 年至 2005 年数据分为两组时间样本(1980—1990 和 1990—2005),通过分析面板数据发现,小型旅游化国家(Small Tourism Countries, STCs)只有在 1980 年至 1990 年期间的经济增长速度大于小型非旅游化国家,而并非以旅游发展为基础国家的经济增长率一定大于不以旅游发展为基础的国家。菲希尼和维奇(Figini, Vici, 2010)按照小型国家、经济合作与发展组织的成员国、产油国的分类进行横截面数据的两组时间样本(1980—1990 和 1990—2005)研究显示:在 1990 年以前旅游专业化有助于经济增长,从 1990 年开始二者关系变得较弱,显示了旅游专业化与经济增长之间的关系随时间而变动;小型旅游专业化国家的经济增长率并不一定大于小型非旅游专业化国家,因此作者不支持通过大力发展旅游促进经济增长。

关于我国旅游专业化经济增长异质性原因的探讨,从旅游基础设施等因素分析时间异质性的证据。赵磊和毛润泽(2013)对 1999 年至 2009 年中国省际面板数据进行门限回归分析,发现中国旅游发展对经济增长的影响关系显著存在基于门限变量集的非线性门限效应,随着门限变量处于不同发展阶段,旅游发展并非总对经济增长产生实质贡献,当经济发展水平跨越最高门限值时,旅游发展对经济增长的影响效应将变得具有不确定性。

第三节　旅游专业化异质性特征诱因:来自冲击效应的启示

旅游业是一个外向型和相对敏感的产业,很多外部事件都会影响到其发展,如政治因素中的政策变化、国际关系变化,经济因素中的通货膨胀、国际汇率变化,自然因素中的环境变化、自然灾害,社会因素中的社会治安,技术因素中的技术变革等,无不影响着旅游业的发展(王航宇,2012)。旅游业的高度敏感性吸引了众多国内外学者参与研究重大事件对旅游的影响。

一、事件冲击、不确定性影响旅游服务出口战略

不确定性也会影响两者关系,也是地区差异的体现之一。如前所述,学者们对同一对象的研究却得到了不同的结论:例如欧(Oh,2005)对韩国的研究发现仅存在经济到旅游的单向格兰杰因果关系,而陈等(Chen et al,2006)对韩国的研究结论却是旅游和经济互为因果;金等(Kim et al,2006)对中国台湾地区的研究发现旅游和经济互为因果,而陈等(Chen et al,2009)对中国台湾地区的研究结论则是旅游单向引起经济增长。上述研究结论不一致的原因被归结为欧(Oh,2005)和金等(Kim et al,2006)忽略了研究对象的不确定性。陈等(Chen et al,2009)在研究中采用的是广义自回归条件异方差模型(Exponential Generalized Autoregressive Conditional Heteroscedasticity,简称 EGARCH),而另两项研究采用的均是传统格兰杰检验。EGARCH 中包含了旅游和经济发展的不确定性指标,能够对正负两方面的震荡都做出响应,而传统格兰杰检验则不能,这是其与传统格兰杰检验的重要差别之一。

尼古劳斯等(Nikolaos et al,2015)采用溢出效应指数检验旅游增长与经济增长之间的动态关系。他基于 1995 年至 2012 年间 10 个欧洲国家月度面板数据,分析指出:(1)随着时间推移旅游经济增长关系,无论从方向还是幅度来看,并非恒定不变,表明旅游主导经济增长(Tourism leading economic growth,简称 TLEG)和经济驱动旅游增长(Economic driven tourism growth,简称 EDTG)假设具有时变性,即时间维度的异质性;(2)上述关系还高度依赖经济事件,因为它受 2007 年美国次贷危机和 2010 开始的欧债危机影响显著;(3)在塞浦路斯、希腊、葡萄牙和西班牙等自 2009 年后出现了经济全面衰退的国家,上述经济事件影响更加显著。

伊奥尼斯等(Ioannis et al, 2013)运用结构化风险价值模型(Value at Risk,简称VaR模型)分析四个欧洲地中海国家的石油价格冲击与旅游变量和经济指标之间的关系。研究区分了三种石油价格冲击,即供给侧、总需求和石油具体需求冲击。研究结果表明,具体石油需求冲击会同时影响通胀和旅游行业股票指数,并且没有任何滞后效应。相比之下,对旅游收入和经济增长的直接或间接地影响,总需求的石油价格冲击存在滞后效应。此处没有发现关于供给侧冲击可能影响任何其他变量的证据。有学者研究1959年至2003年间的政党权力更迭是否破坏台湾地区旅游发展与地区生产总值之间长期关系的稳定性。国际和两岸形势改变,经济冲击和旅游管理政策的放宽会打破旅游发展与经济增长之间的稳定关系,结构断点的存在与关键经济、政治或旅游事件一致。

二、事件冲击显著影响中国旅游服务贸易出口

(一)重大冲击下中国入境旅游影响研究

2003年我国暴发非典型肺炎(Severe Acute Respiratory Syndrome,简称SARS)疫情,对当年中国旅游业产生了极大的影响。围绕SARS疫情影响测算问题积累了大量的研究成果。朱迎波等(2003)、李峰等(2006、2008)、朱明芳等(2007)和桂文林等(2010)先后就SARS疫情对全国旅游业的影响进行了测算分析。极端天气和空气污染事件对中国入境旅游的影响也为学者所关注。相关研究不仅测算了极端天气事件和环境污染事件对入境旅游的影响数值,还分析指出上述事件对区域入境旅游的影响规律(马丽君等,2009;马丽君等,2010;阎友兵等,2016)。

恐怖主义事件也是影响我国相关地区入境旅游的重要因素。田祥利(2012,2013)基于反向传播算法(Back Propagation, 简称BP)神经网络和认同度指数模型测算2008年拉萨"3·14"暴力事件对西藏入境旅游的影响,并分析了西藏入境旅游政策响应机制和特征。其研究指出"3·14"暴力事件对西藏入境旅游的影响周期为18个月,影响强度为47.14万人次的客流损失和2.15亿美元的旅游外汇收入损失。成观雄等(2015)运用旅游本底线法测算2009年的乌鲁木齐"7·5"暴力事件对新疆入境旅游的影响。其研究指出乌鲁木齐"7·5"暴力事件对新疆入境旅游的影响周期为一年,影响强度为48.73万人次的旅游人次损失和16077万美元的旅游外汇收入损失。

表 2.1　重大事件对中国入境旅游影响的相关研究

事件 / 年份	分析方法	研究结论	作者 / 年份
2003 年 SARS	ARIMA 模型	12、18、24 个月三种情景下入境旅游人次及其同比增长率均出现损失	朱迎波，2003
	旅游本底趋势线	入境旅游外汇收入及人次均出现损失	李锋等，2006、2008
	TRAMO/SEATS 修正旅游本底趋势线	入境旅游外汇收入出现损失	桂文林等，2010
	TRAMO/SEATS	入境旅游人均花费和人次均受到影响；短期内后者更容易受到影响	朱明芳等，2007
2008 年雪灾	本底趋势线理论	省级层面，贵州和江西游客损失率最大，广东和江苏游客损失量最多；市级层面，桂林和黄山游客损失率最大，深圳和桂林游客损失量最多	马丽君等，2010
2013 年雾霾	本底趋势线理论	中国绝大多数省市的入境游客量均受到显著影响；游客损失率最大地区和游客损失量最多地区分别是山西和浙江	阎友兵等，2016
2008 年拉萨“3·14”事件	BP 神经网络和认同度指数模型	西藏入境旅游的影响周期为 18 个月，客流及外汇收入出现损失	田祥利，2012、2013
2009 年与鲁木齐“7·5”事件	旅游本底线	新疆入境旅游的影响周期为 1 年，客流和外汇收入出现损失	成观雄等，2015

来源：根据所引文献整理

（二）持续冲击下中国入境旅游影响研究

1. 持续冲击的全国效应评估

李锋（2009）、马丽君等（2009）和赵多平等（2012）测算分析了不同危机对我国旅游发展的影响。李锋（2009）比较分析 1989 年“6 · 4”风波、1997 年亚洲金融危机、1998 年特大洪水和 2003 年 SARS 疫情对我国旅游业的影响，发现差异集中体现在旅游损失程度、影响周期以及危机后旅游补偿性恢复的反弹力。马丽君等（2009）依据本底趋势线理论测算并分析 7 次危机事件对我国旅游业的影响。其研究指出，就国际客源市场人为事件而言，整体性事件影响范围较大且冲击力较强，局部性事件影响范围较小且冲击力较弱；就目的地人为事件而言,整体性事件影响范围较大、冲击力较强且持续时间较长,局部性事件影响以受灾地区为主,范围相对有限。赵多平等(2012)以1985年至2009年欧美入境中国客流量为对象,研究比较两者长期趋势、周期波动和随机效应,以及四次危机事件的影响。其研究指出,25年(1985—2009)欧美入境中国客流量均呈长期上升趋势,危机事件影响由强到弱依次为1989年"6·4"风波、2008年全球金融危机、2003年SARS疫情、1998亚洲金融危机;比较两者,欧洲游客长期增长显著快于美国游客增长,并且四次危机造成的损失均超过美国。

王洁洁等(2009)依据1985至2007年相关数据,采用3条理想曲线为参照系,定量分析了7次危机事件对中美两国旅游流互动的影响。其后,王洁洁(2011)将考察范围扩大至中国与美国、日本、韩国、俄罗斯,大陆与台湾、香港地区关系变化,定量研究了不同层次的双边关系对旅游流的影响。卞显红等(2011)对中韩双向旅游流流量、环比增长率,及1999年至2009年中韩互为客源国的地位变化趋势等进行了研究,并基于中韩两国双边相关事件视角,对中韩双向旅游流流动变化的影响因素进行了分析。武海荣等(2012)依据1992年至2008年数据,分析中日关系对两国间旅游的影响,发现两国入境旅游所受影响存在非对称性,中国入境旅游所受影响高于日本。

表2.2 持续冲击对中国入境旅游影响的相关研究

研究结论	分析方法	作者/年份
1989年"6·4"风波、1997年亚洲金融危机、1998年特大洪水和2003年SARS疫情的影响,对旅游具有不同的影响;旅游发展的不同阶段,危机事件对旅游业的影响也不同	旅游本底趋势值	李锋,2009
分析石油危机、经济危机、政治风波、金融危机、"9·11"事件、SARS危机影响发现:国际客源市场人为事件,整体性事件影响范围较大且冲击力较强,局部性事件影响范围较小且冲击力较弱;目的地人为事件,整体性事件影响范围较大、冲击力较强且持续时间较长,局部性事件影响范围相对有限	旅游本底趋势线	马丽君等,2009
分析25年(1985—2009)欧美入境中国客流量数据,发现危机事件影响由强到弱依次为1989年"6·4"风波、2008年全球金融危机、2003年SARS疫情、1998亚洲金融危机;欧洲长期增长显著快于美国而且四次危机造成的损失均超过美国	旅游本底趋势线理论和旅游成长分析模型	赵多平等,2012

续表

研究结论	分析方法	作者 / 年份
分析中国入境游客人次数据，发现损失值由高到低依次为金融海啸、奥运入境限制及“奥运抽水”损失、汶川地震、拉萨“3·14”事件、南方雪灾 其中，金融海啸对全国 31 个省区均有不同程度影响，对东部沿海地区影响尤大；北京奥运会导致全国大部分省区入境客流量减少；汶川地震影响范围也遍及全国，四川及其周边省区所受影响最大；拉萨“3 · 14”事件影响区域覆盖西藏、北京和上海；南方雪灾的影响集中在南方受灾省区	旅游本底趋势线理论和月指数距平方法	孙根年等，2011
1979 年石油价格危机、1997 年亚洲金融风暴、2008 年全球金融危机对上海入境旅游人次的不利影响逐渐下降 2003 年 SARS 疫情对上海市入境旅游总体影响不显著，但对欧洲来沪旅游影响较明显	自回归分布滞后模型	王铮等，2010
危机冲击下，张家界地区国内旅游的抗周期性和后危机反弹能力更强，入境旅游相对较弱 “SARS”和“国际金融危机”对张家界旅游的影响更大，周期更长；“自然灾害”的影响相对较小	旅游本底趋势线	张铁生等，2012
比较 2003 年 SARS 疫情、2004 年南太平洋海啸和国际恐怖活动以及 2008 年的金融危机的影响，2003 年 SARS 疫情负面影响更明显，其他三次危机并未产生负面影响	ARIMA 模型	徐秀美等，2014

来源：根据所引文献整理

2. 持续冲击的区域效应评估

孙根年等（2011）通过旅游本底趋势线理论和月指数距平方法测算 2008 年五大事件对中国省级行政区入境旅游的影响。总体来看，2008 年五大事件导致中国 24 个省区入境旅游人次负增长。比较事件影响发现，不同事件造成的入境游客人次损失不同，由高到低依次为金融海啸、奥运入境限制及“奥运抽水”损失、汶川地震、拉萨“3 · 14”事件、南方雪灾。就事件影响的区域分布来看，金融海啸对全国 31 个省区均有不同程度影响，对东部沿海地区影响尤大；北京奥运会导致全国大部分省区入境客流量减少；汶川地震影响范围也遍及全国，四川及其周边省区所受影响最大；拉萨“3 · 14”事件影响区域覆盖西藏、北京和上海；南方雪灾的影响集中在南方受灾省区。

王铮等（2010）引入虚拟变量测算四次重大事件对上海市入境旅游的影响。

其研究发现,危机造成的上海入境旅游人次损失由大到小依次为1979年石油价格危机、1997年亚洲金融风暴、2008年全球金融危机;不同于上述三种危机事件, 2003年SARS疫情对上海市入境旅游总体影响不显著,但对欧洲来沪旅游影响较明显。张铁生等(2012)基于本底线模型测算危机事件对张家界国内旅游和入境旅游的影响。其研究指出,危机事件冲击之下张家界旅游具有抗周期性和后危机反弹的特征;比较国内旅游与入境旅游,国内旅游的抗周期性和后危机反弹能力更强;比较不同危机事件对张家界旅游的影响,"SARS"和"国际金融危机"的影响更大周期更长,"自然灾害"的影响相对较小。徐秀美等(2014)引入虚拟变量测算危机事件对丽江市入境旅游的影响。研究考察的危机事件包括2003年SARS疫情、2004年南太平洋海啸和国际恐怖活动、2008年的金融危机。比较历次危机事件的影响发现, 2003年SARS疫情的负面影响较为明显,其他三次危机并未产生负面影响。

孙根年等(2009)分析1987年至2007年间7次台海关系危机事件对台湾地区游客入境大陆客流量的影响。范媛(2014)以中国沿海省市为研究范围,以中国对外国际关系变化包括中日关系、中韩关系、中美关系、中俄关系变化为研究对象,以马修斯理论、旅游本底趋势线理论为基础,通过建立旅游客流量本底趋势线和旅游客流量环比增长率本底趋势线模型,研究中国对外国际关系变化对中国沿海省市入境旅游的影响并提炼相关规律。

表2.3 双边关系视角下持续冲击对中国入境旅游影响的相关研究

国家/地区	分析方法	研究结论	作者/年份
中国与日本、韩国、美国、俄罗斯	旅游本底趋势线	政治关系是影响中国沿海省市入境旅游的根本因素;国际整体经济局势变化对入境旅游发展影响较大;国际文化交流事件促进入境旅游发展	范媛,2014
中国与美国、日本、韩国、俄罗斯 中国大陆地区与台湾、香港地区	旅游本底趋势线、旅游地生命周期	政策关系是影响出入境旅游流动最重要的因素;政策关系危机事件的强度直接影响出入境旅游的损失量;政策关系利好事件的级别直接影响出入境旅游的增长量;	王洁洁,2011
中国与美国	旅游本底趋势线	当中美关系危机事件爆发时,在入境客流量统计值、环比增长率和占出境旅游比例上形成明显的"凹形谷"	王洁洁等,2009

续表

国家 / 地区	分析方法	研究结论	作者 / 年份
中国与日本	入境客流量、环比增长率、旅游偏好指标比较分析	负面事件爆发时，在入境客流量统计值、环比增长率和旅游偏好上形成明显的“波谷”；利好事件爆发时，在入境客流量统计值、环比增长率和旅游偏好上形成明显的“波峰”；负面事件对中国入境日本客流量变化要高于日本入境中国客流量变化	武海荣等，2012
中国大陆地区与台湾地区	定量分析法	负面事件爆发时，在入境客流量统计值、环比增长率和占出岛旅游比统计曲线上形成了明显的“凹形谷”	孙根年等，2009

来源：根据所引文献整理

三、来自东部五省市冲击效应的经验证据

如前所述，我国入境旅游市场冲击效应显著，北京、上海、广东、浙江和海南，作为我国重要的入境旅游目的地，也受到了影响。其中，突发事件或非预期事件对北京入境市场的影响备受关注（戈冬梅，2007；高军，2013；庞世明，2013），能否反映重大事件的影响也成为研究者预测上海入境旅游市场的重要依据（孙岚，2012；陈镇，2016），浙江省入境旅游人数受重大事件影响严重，周期断裂点背后隐含着显著的“事件效应”特征（杜泳等，2013）。这些研究尤为关注负面经济事件、公共安全事件以及污染事件造成的客源国需求疲乏以及旅游服务出口竞争力下降问题（刘福承，2016）。

经济事件影响研究，如欧洲主权债务危机对潜在的北京入境游客的消费计划的不利影响（廉月娟，2013）；1979 年的石油危机、1997 年的亚洲金融风暴 2008 年全球金融危机对上海入境旅游人次数的影响，导致人数递增但比例递减，不同客源国影响有所差异（王铮，2010）；以及 2008 年全球金融危机对广东省入境游客量与旅游外汇收入的影响，导致两项指标均低于预期水平，其中入境游客数量降幅更大，同时提高了广东对部分入境客源地依赖程度（杜泳等，2013）。环境污染方面，如雾霾现象对北京入境旅游市场吸引力的不利影响（李梦瑶，2016）。公共安全事件主要指 2003 年 SARS 冲击效应，如上海地区欧洲入境游客需求与无甚变化的总体需求并存（王铮等，2010），浙江省入境旅游人次的年度、月度数据均出现显著的拐点（张子昂等，2016）。

萧红等(2010)通过线性双对数模型中引入虚拟变量,定量分析2010年广东亚运会对入境旅游的影响。陈卫等(2018)研究了1995年至2016年间海南省入境签证政策演变对13个客源国入境旅游的影响,发现“免签证”政策与客源国人均收入、突发事件均对海南岛入境旅游具有显著影响。张应武等(2018)测算2008年至2016年间海南离境退税政策对22个客源地入境旅游的影响,发现离境退税政策显著提升了海南入境旅游人数。

表2.4 重大事件对京沪浙粤琼入境旅游影响的相关研究

地区	事件/政策	研究结论	作者
北京	2009年希腊主权债务危机	欧洲主权债务危机对主要的欧洲客源国赴京入境旅游具有明显的负面效应	廉月娟,2013
	2013年雾霾	雾霾天气是入境旅游主要影响因素之一	李梦瑶,2016
上海	1979年石油危机、1997年亚洲金融风暴、2003年SARS疫情、2008年全球金融危机	上海入境旅游人次受到的不利影响逐渐下降;2003年SARS疫情对上海市入境旅游总体影响不显著,但对欧洲来沪旅游影响较明显	王铮,2010
浙江	1989年“6·4”风波、1994年千岛湖事件、2003年SARS和2009年金融危机	重大事件是浙江省入境旅游的重要影响因素;浙江入境旅游数据分别在1989年、1994年、2003年和2009年出现显著拐点;外国游客相较于港澳台地区游客对重大事件的敏感性更强	张子昂,2016
广东	1997年亚洲金融危机、1989年“6·4”风波、2010年亚运会	1997年亚洲金融危机以及1989年的政治风波对广东入境旅游产生了较明显的负面影响,亚运会对入境旅游有明显的促进作用	萧红等,2010
	2008年国际金融危机	导致入境游客量与旅游外汇收入低于预期水平,入境游客量幅度相对更大;提高入境游客集中度,对部分客源地依赖度上升	杜泳等,2013
海南	免签证政策	对海南岛入境旅游具有显著影响	陈卫等,2018
	离境退税政策	显著提升海南入境旅游人数	张应武等,2018

来源:根据所引文献整理

第三章　旅游专业化冲击效应的理论内涵、机理与特征

构建开放经济环境对旅游专业化冲击效应的理论基础，需要解决两个问题：一是如何创新学术话语体系，对多元化世界发展模式和中国方案进行整合，形成完备的概念体系？二是这种创新是否具备相关领域的经济学研究基础？为回应上述问题，本章尝试厘清开放经济对旅游专业化冲击效应的理论内涵，即国际事件作为开放经济的冲击来源，如何促使入境旅游国际收入在国民生产总值占比变动；结合经济周期理论、事件旅游等相关研究成果，阐述冲击效应的经济学理论内涵；重点分析开放经济下的不同类型的冲击响应机制，冲击效应的主要特征和研究方法。

第一节　冲击效应的经济学理论内涵

一、经济周期研究演进与冲击效应的提出

经济冲击研究随着人们对经济周期理论探索逐渐发展。经济大萧条之后，外部冲击倒逼经济理论变革，凯恩斯宏观经济学成为代表。凯恩斯（1936）宏观经济学对经济周期波动进行了批判性的探讨。他认为影响经济周期波动的是有效需求和资本边际效率，亦即需求冲击和投资冲击影响经济周期。进入 20 世纪 40 年代，米切尔、米尔、哈罗德与多马、索罗与罗默等人对经济周期波动的研究，进一步证明经济波动源自需求冲击，是需求驱动型经济波动。

凯恩斯主义对资本主义国家发展产生了深远影响，政府的积极作为促进了国民经济发展，譬如，为市场机制运行创造条件、以社会保障政策调节社会分配。在二战后的二三十年间，西方资本主义国家国民生产总值年均增长近 5%。同时，在这些资本主义国家内部还建立起了福利国家制度。但是，进入 20 世纪 70 年代，尤其是在 1973 至 1975 年世界经济危机期间及其后十年左右的时间内，西方各主要资本主义国家先后出现了滞胀这种新危机形态（张婷，2015）。公共开支不断增加而经济状况却在不断恶化，增长放慢、赤字增加、失业率增加。美、

德、英、法、日的国民生产总值增长持续放缓，通货膨胀率却高达两位数，凯恩斯主义却无法提供解决方案。

由于凯恩斯经济学受到了“滞胀”的挑战，货币学派、理性预期学派以及真实经济周期理论应运而生，并对凯恩斯的需求冲击发起挑战。20世纪70年代，弗里德曼代表的货币学派强调货币冲击的作用。卢卡斯（Lucas，1972；1975）代表的理性预期学派认为规则的经济政策不会对实际经济行动产生影响，只有当经济体系受到预料之外的冲击时，才会使实际产量偏离其正常轨道。

20世纪80年代以后，基德兰德和普雷斯科特提出了真实经济周期理论，基德兰德和普雷斯科特认为引起经济周期波动的是外部因素，即外部冲击，如技术进步。随着新古典宏观经济学和真实经济周期理论的发展，经济冲击问题已经成为经济政策理论和经济周期理论的核心问题。该理论提出的“外部冲击”研究范式，成为当代外部冲击理论研究的基石之一。

进入20世纪90年代后，自由的市场能够带来经济全面增长的观点遇到了重挫。1997年亚洲金融危机、拉美国家危机及其引发的一系列问题标志着新自由主义放任市场自由政策的失败。美国经济评论家罗伯特·库特纳在《自由市场的谬误》一文中指出，在经济危机中，使这些国家蒙难的原因是，它们突然受到国际投机力量的冲击，无法控制。这种突如其来的危险正是极端自由市场准则造成的后果。

进入21世纪以来，特别是“9·11”事件爆发以后，国内外学术界对“外部冲击”越来越关注，相关研究不断增加。2007年以来，美国次级抵押贷款危机酿成了全球金融风暴后，使人们无不感受外部冲击的巨大影响。国际社会非常关注外部冲击事件的发生，国际货币基金组织也十分密切地关注“外部冲击”问题的研究。

二、经济周期理论的冲击响应内涵分析

（一）经济周期视角下冲击内生论与外生论

凯恩斯的冲击理论被划归为“内生论”，从宏观经济体系内部阐述了经济变量的冲击影响（张婷，2015）。凯恩斯认为，经济发展必然会出现周期性运动，并具有明显的规则性，即经济周期。经济周期主要是有效需求和资本边际效率作用的结果。一方面是资本边际效率的循环性变动，这种变动一般呈现3至5年的周期性；另一方面是国民的收入水平取决于总需求，因而引起国民收入波动的主要原因仍然在于总需求。所以，需求冲击（有效需求）和投资冲击（资本边际

效率）决定着经济周期的波动。前者主要取决于经济中的消费需求、投资需求和政府支出等。后者取决于对资本边际效率预期。据此，凯恩斯需求冲击和投资冲击属于宏观经济冲击理论的范畴，阐述了宏观经济系统内部变量之间的相互影响关系，即需求和投资对GDP、物价和就业产生的影响，尤其是对就业的影响（张婷，2015）。

新凯恩斯主义用工资和价格的黏性代替了原凯恩斯主义的工资和价格刚性的假定。工资和价格刚性，即假定当发生供给或需求冲击以后，价格和工资都要发生变动，但是工资和价格的变动不是迅速的，而是缓慢的；工资、价格的变化与供给或需求冲击之间存在时滞。

新凯恩斯主义还引入了两个假设：一是经济人追求价值最大化的观点，即厂商利润最大化和家庭效用最大化假定；二是吸收理性预期学派的理性预期假设，认为当受到外力冲击，总需求和总供给发生变化的时候，由于工资和价格存在黏性，价格受到总供求的冲击后会发生变化，从非充分就业的均衡状态恢复到充分就业状态是一个缓慢的过程。以曼昆、萨墨斯、斯蒂格利茨等人为代表的凯恩斯学派为新时期政府在经济危机中的作为奠定了坚实的理论基础。

真实经济周期理论从经济周期理论角度提出了"外部冲击"研究范式。以基德兰德和普雷斯科特为代表的真实经济周期理论认为：经济周期变动是由于经济体系之外的一些真实因素引起的冲击，这种冲击称为"外部冲击"（张婷，2015）。真实经济周期理论还将引起经济周期的外部冲击分为引起总供给变动的"供给冲击"和引起总需求变动的"需求冲击"。不仅如此，上述外部冲击被进一步划分为引起有利作用的、刺激经济繁荣的"正冲击"，以及引起不利作用的、导致经济衰退的"负冲击"。技术创新被真实经济周期理论视为影响经济周期波动的主要因素。

（二）经济周期理论的响应内涵比较

从政策主张来看，以凯恩斯为代表的凯恩斯主义学派与基德兰德和普雷斯科特为代表的真实经济周期理论关于经济周期波动的争论还表现为，经济周期能否自发调节。前者认为政府必须对经济周期波动进行干预，后者认为经济周期通过市场的力量可以自发地得到调节。2007年美国次贷危机以及2009年欧洲主权债务危机的救市实践表明，政府干预经济的政策主张越来越多地为国际社会所接受。有鉴于此，梳理凯恩斯主义学派关于经济干预政策的分析，有助于理解冲击之下响应实践的主要内涵。

凯恩斯主张政府必须对经济周期波动进行干预，通过宏观经济政策，尤其是财政政策熨平经济周期。新凯恩斯学派吸收了20世纪后期一些宏观经济调控的具体实践。在政策主张上,新凯恩斯主义主张充分利用货币的非中性属性,运用货币政策对经济进行调节。它指出,由于工资具有黏性,当政府提高了货币的供应量使物价上涨时,此时工人的工资并未上涨,相对于货币的发行量而言,工人的工资相当于降低了。充分利用货币非中性和工资黏性特征,可以间接影响社会就业形式,政府通过货币政策调控可以影响到整体经济的运行,并取得实效。

与传统凯恩斯主义经济学相比,新凯恩斯学派政策主张表现出了两个鲜明的特征。一是政府作为的长期性。新凯恩斯主义提出了工资黏性与货币的非中性,相对于之前的理论,它将货币和工资影响研究得更为深远,尽管通过工资黏性对就业的影响较为间接,但这有利于政策实施的前瞻性和长远性。二是政府作为的适度性。它强调政策的着力点应在市场失灵的领域去修复市场,稳定经济,而非要代替市场,替市场作决策。

三、事件引致型冲击效应的经济学释义

(一)引致冲击效应的事件概念及主要类型

1.引致冲击效应的事件概念

国际货币基金组织研究认为:"外部冲击是对经济体产生巨大负面冲击作用的事件,而且这种事件和力量超过了经济体(政府)的控制范围。这些事件包括商品价格变化(比如石油和粮食价格),自然灾害、地区冲突以及贸易国关系破裂产生的危机。国际货币基金组织关于外部冲击的内涵突出了以下特征:一是强调事件对经济体产生巨大负面冲击;二是外部冲击事件是经济体(政府)无法控制的,这是区别宏观经济冲击与外部冲击的根本标志;三是外部冲击的含义比较宽泛,既有经济方面的,如商品价格波动、贸易摩擦,又有非经济方面的,如自然灾害、武装冲突以及其他超出政府控制范围的一些事件(鞠国华, 2010)。值得注意的是国际货币基金组织忽视了外部冲击的正效应。

鉴于研究目的与角度,本书从影响旅游的起因事件类型入手,将事件分为突发事件和策划事件。突发事件严重影响旅游发展进而导致危机。这种影响被定义为突发事件引致型冲击效应。策划事件对旅游产生积极影响,进而发展为旅游吸引物。这种事件旅游效应被定义为策划事件引致型冲击效应。其中,突发事件引致型冲击对应不利作用的、导致经济衰退的"负冲击",策划事件引致型冲击对应有利作用的、刺激经济繁荣的"正冲击"。

2. 引致冲击效应的突发事件

突发事件是在某种必然因素支配下出人意料地发生，给社会造成严重危害、损失或影响且需要立即处理的负面事件（李锋，2008）。旅游业是一个对产业环境十分敏感的产业，发生在国内外的突发性事件必然对旅游业产生显著的影响。突发性事件的爆发，使旅游企业的经营活动过程与外部环境发生变化，破坏旅游设施以及危害旅游目的地的形象，导致人们的预期和行为可能发生重大变化，影响旅游愿望和出游行为，引起旅游供给和需求的重大波动，使本来稳定与均衡的旅游市场陷入危机。因此，突发性旅游事件通过影响旅游者对一个目的地的信心和扰乱继续正常经营，进而产生冲击效应。

根据突发性事件对旅游业影响的主要因素与特征，突发性事件可分为四类：政治性事件、社会经济性事件、灾害性事件、安全性事件（李开宇，张艳芳，2003）。政治性事件指引发一国国内政治形势和国际关系不稳定的事件。社会经济性事件指引发一国一区域经济动荡和社会秩序不稳的事件。灾害性事件主要指由于自然灾害的爆发造成旅游资源、旅游交通以及其他旅游设施的大规模破坏的事件。安全性事件造成游客旅游安全信心下降，主要包括流行病和国际型的恐怖袭击。

3. 引致冲击效应的策划事件

策划事件来自"事件旅游"相关的概念（徐红罡，Alan，2015）。盖兹（Getz，1997）认为"事件旅游"中经过策划的事件是重点，它是指短时发生的、一系列活动项目的总和；同时，事件也是其发生时间内环境 / 设施、管理和人员的独特组合。李晋宏（2005）认为事件是在某一时空段能够引起公众注意或是聚会所发生的事情。吴书锋等（2003）认为大型事件主要包括"大型会展"与"大型体育赛事"。

策划事件可分为文化庆典、文艺 / 娱乐事件、商贸及会展、体育赛事、教育科学事件、休闲事件、政治政府事件和私人事件八大类（Getz，1997）。其中，文化庆典又分为节日、狂欢节、宗教事件、大型展演、历史纪念活动；文艺 / 娱乐事件分为音乐会、其他表演、文艺展览、授奖仪式；商贸及会展分为展览会、交易会、博览会、会议、广告促销、募捐筹资等活动；体育赛事包括职业比赛和业余竞赛；教育科学事件包括研讨班、专题学术会议、学术讨论会、学术大会、教科发布会等；休闲事件包括游戏和趣味体育、娱乐事件；政治政府事件包括就职典礼、授职、授勋仪式、贵宾 VIP 观礼和群众集会；私人事件包括个人庆典如周年纪念、家庭假日、宗教礼拜；社交事件如舞会、节庆、同学聚会、亲友联欢会等。

4. 冲击响应与政策干预事件

如前所述，中国旅游发展具有政府干预特征。该特征已为学者研究所证明（Zhang et al，1999）。专家按照发展阶段分析了改革开放以来中国政府在旅游业发展过程中所扮演的产业运营者、规则制定者、投资促进者、产品促销者、关系协调者及公众教育者等角色，阐述了中国的旅游政策经验对其他发展中国家或地区发展旅游业的积极借鉴意义。20 世纪 90 年代初，我国各地旅游三大市场初步健全，地方旅游政策的颁布实施主要解决开发的可行性、开发方向及开发重点等关键问题，得益于旅游政策的扶持国内第一批旅游目的地迅速兴起。

国内学者分析界定了中国旅游政策的基本概念和主要内容。崔巍等（2008）指出旅游政策是国家机构干预旅游经济制定的一套综合性工具体系，以达到规范旅游市场运行、维护旅游消费者权益、提高旅游业经济效益等目的。有学者提出该政策体系应包括旅游产业结构政策、旅游产业组织政策、旅游产业布局政策、旅游产业技术政策及配套保障政策等基本内容，同时还包括旅游市场政策、旅游产品政策等特殊内容（谢彦君，1999；魏小安，韩健民，2003）。

我国学者将旅游运行政策分为旅游供给与目的地建设政策、旅游流动推动政策、旅游客源地与需求引导政策三部分。其中，目的地建设政策涉及旅游用地、旅游资源利用、公共服务、营销与形象推广等政策；旅游流动推动政策包括旅游交通、旅游中间商、出入境旅游手续等政策；旅游客源地与需求引导政策包括休假政策、旅游福利制度等（张辉，成英文，2005）。

（二）事件引致型冲击效应的内涵与形式

1. 事件引致型冲击效应的概念

本书采纳王洁洁（2011）观点，整合“事件旅游”与“旅游危机管理”中的事件冲击的内涵概念。事件冲击效应具有以下三个基本属性：（1）客观存在的，是社会上已经发生的事情，并且产生相当的影响，能够在媒体报道或历史资料中找到依据；（2）事件对旅游造成影响，使该年度的旅游专业化偏离了潜在趋势，即旅游专业化出现了缺口；（3）冲击效应的因由事件与旅游专业化曲线上的“凸形峰”或“凹形谷”存在着对应关系。根据主要类型，事件引致型冲击效应进一步区分为突发事件引致型与策划事件引致型。

2. 突发事件引致型冲击效应

在一定的外界条件下，突发事件可能会进一步发展成为危机。许多突发事件本身就是危机的一部分，并且是很关键的一部分。当突发事件因处理不当而导致对其失去控制，便形成危机并开始扩大化。因此，危机指个人、群体或者组织由于突发事件的出现而受到破坏,严重威胁到其正常的生存与发展的状态。

较具代表意义的几种旅游危机的定义包括:一是从旅游危机的影响机理的角度定义,“……任何对旅游业及其相关业务的正常经营构成威胁的事件,由于它负面地影响了游客对目的地的认知,进而对旅游目的地的有关安全、吸引力和舒适度的声誉造成危害;结果由于旅游者数量及其旅游支出的减少,使当地旅行和旅游经济出现衰退,中断了当地旅行与旅游产业活动的持续经营(Sonmez,1999)”。二是从旅游者的角度定义旅游危机,“影响旅游者信心,并会危及该地旅游业持续正常运转的任何不曾预见的事件。这类事件可能以无限多样的形式在许多年中不断发生(UNWTO,2003)”。

本书突发事件引致型冲击效应主要指旅游领域危机对旅游专业化的影响。上述概念与旅游领域危机的区别在于:一是突发事件引致型冲击不等同于引起危机的突发事件;二是涵盖目的地入境旅游经济损失及其对整体经济的影响。此类冲击效应的基本属性如下:(1)客观存在的,是社会上已经发生的危机事件,得到记载并公开出版;(2)突发事件对旅游专业化发展造成了显著影响,导致该年度的旅游专业化偏离了潜在趋势,即旅游专业化出现了缺口;(3)冲击效应的因由事件与旅游专业化曲线上的“凹形谷”存在着对应关系。

3. 策划事件引致型冲击效应

盖兹(Getz,1997)认为事件旅游是指对事件进行系统规划、开发和营销的过程,其出发点是使事件成为旅游吸引物、促进旅游业发展的动力、旅游形象塑造者、提升旅游吸引物和旅游目的地地位的催化剂,事件旅游发展战略还要对新闻媒介和不良事件的管理做出规划。焦永明(2010)指出,“经过策划的事件”具有以下影响:一是事件通过高强度的媒体曝光成为旅游吸引物;二是事件能赢得良好的声誉,促进旅游业的发展或产生经济影响,即事件能给旅游带来正面的影响或作用。吴书锋等人(2003)指出大型事件旅游是“以大型事件为依托的,针对大型事件的参与者及观赏者提供的旅游相关服务形式,提供外围相关服务是大型事件旅游的实质”。这个界定更突出强调为大型事件旅游而提供的相关外围服务,更多的是从大型事件的间接作用的角度来阐述问题。

本书策划事件引致型冲击效应主要指经过策划的事件对旅游专业化的影响。上述概念与事件旅游的共同点在于:一是策划事件的产物或结果;二是具有正面的影响或作用。此类冲击效应的基本属性如下:(1)客观存在的,是社会上已经发生的策划事件,得到记载并公开出版;(2)策划事件对旅游专业化发展造成了显著影响,导致该年度的旅游专业化偏离了潜在趋势,即旅游专业化出现了缺口;(3)冲击效应的因由事件与旅游专业化曲线上的“凸形峰”存在着对应关系。

4.冲击响应的政策效应

冲击响应的政策效应，即旅游政策的经济效应，是实施旅游政策所取得的效果。如何理解旅游政策的经济效应？旅游政策的制定和实施是一个将旅游政策理念转化为实践的过程（Dredge, Jenkins, 2006），伴随着互动、决策、实施、反应、反馈等一连串动作（Scott, 2011）。孙金年（1991）认为政策在时间的延续和空间的扩展中才能显示出价值，称之为政策的时间效应和空间效应，政策的价值在实施政策的时空中产生，会随着时空的变化而变化。因此，时空效应是旅游政策经济效应的重要特征。受此启发，本书选取重大事件所处的连续时段以及典型地区来观察旅游政策及其效果。

旅游业具有的综合性特点，使旅游政策所涉及的种类繁多，观察旅游政策经济效应尤为困难。周振华（1990）将产业政策经济效应定义为产业政策实施后取得的实际效果，然而政策实施后的实际值和预测值会出现背离，从理论角度看，按照是否由人为因素引起，政策经济效应偏差分为正常偏差（结构性偏差）和非正常偏差（整体性偏差）。目前，旅游政策经济效应评估是研究的新兴领域和前沿主题，还没有成熟的研究框架和研究内容。

既有研究成果认为旅游政策与旅游业发展或经济发展之间具有因果关系，多是从旅游业或经济发展情况来评估旅游政策经济效应（Deegan, Dineen, 2000）。国际方面，奥杜拉鲁（Odularu, 2008）研究了非洲的旅游政策经济效应，认为非洲得益于自由、开放度高的旅游政策经济状况良好。国内方面，苏建军等（2014）把旅游政策作为变量，分别建立经济增长、消费、投资、出口与中国国内旅游、入境旅游、旅游政策之间的函数关系，分析 1982 年至 2010 年相关数据，指出旅游政策发挥了积极作用。李锋等（2013）从抗周期性的角度对 1985 年、1991 年和 1993 年、1999 年、2009 年等中国四次旅游产业政策经济效应进行分析，发现受到旅游产业发展阶段的制约旅游产业效应呈现出两面性。有鉴于此，本书从旅游专业化发展情况来评估旅游政策经济效应，对“主动开放促进发展升级”（李克强，2018）的中国方案进行定量分析。

（三）事件引致型冲击效应的经济学解释

1.开放经济的共生性与冲击来源

从开放经济角度来讲，强调的是世界经济中，不确定性因素对一个开放宏观经济体带来的冲击。刘金全（2000）从经济系统内外两个角度来阐述冲击。内部性冲击是由于经济系统内部扰动因素，对经济系统变量产生的影响。外部性冲击是来自于经济系统外部的扰动因素，对经济系统内变量产生的影响，并强调外部冲击对经济系统具有一定的转移和渗透作用，也就是外部冲击通过一定的传递机制对经济系统产生影响。

刘树成（2005）认为“外部冲击是指开放的宏观经济中，国际经济中的不确定性因素对国内经济产生的波动性影响”。从实体经济层面，关于外部冲击的描述还有：“按照国家间禀赋优势不同，在国际分工体系中，形成了以资源国、制造国、消费（货币）国相互依赖的‘共生模式’。作为制造核心国，可能遭遇三种外部冲击。开放经济下旅游服务贸易分析采用其中两项，分别是：（1）供给核心国内相互竞争带来的供给端挤压冲击；（2）消费核心国发生调整带来的需求端‘再平衡’冲击。”根据“相互依存理论”，在开放经济体融入全球经济的条件下，按照共生模式理解一国旅游出口服务贸易的外部冲击。

2. 冲击效应的时效性与关键因素

奥运会、世博会等国际型、超大型策划事件对经济体的影响属于需求冲击（见图3.1）。从传统的凯恩斯主义宏观经济学角度上看，奥运会和世博会的经济影响是一种需求冲击，即奥运会引发对基础设施投资、旅游出口、电视音像出口、商业贸易等需求的变化，通过直接效应和乘数效应影响主办地的产出、收入和就业水平。不过，奥运会、世博会等是否对经济增长产生实质性影响还不确定。一种观点认为奥运会和世博会等国际型、超大型策划事件是技术创新和投资的催化剂，将提高经济的长期增长率，而另一个观点认为此类事件不会对经济增长形成长期性影响。两种观点的主要分歧在于对技术在经济增长中的作用和影响技术进步的决定因素的不同理解（付磊，2002）。

长期性经济增长取决于经济体系的生产能力，后者继而取决于经济中可供的基础性资源和将这些资源转化成产出的过程。因此，从长期看，必须通过获得更多的基础性资源，例如劳动力、资本或土地，或是改进生产过程——例如提高劳动生产力水平，才能提高长期性产出。从短期看，产出也可以通过更集约化地使用现有资源，包括使用不足或没有使用的资源，来得以增加。理论上说，奥运会和世博会均能够或多或少地带来上述方面的改进或增加，关键是看这种改进或增加的程度有多大，以及这种改进或增加是长期性的还是短期性的。

世界性、超大型策划事件，如奥运会和世博会，可以促进经济短期增长。根据凯恩斯主义宏观经济学理论，此类事件带来的经济冲击（投资、消费、出口、政府债务等）能够创造更多的劳动力和产出需求，从而促进国内就业和国民收入在数量上（而不是长期增长率）的增加。这种需求冲击在很大程度上是暂时性的和短期性的，尤其是会在奥运会、世博会举行期间集中爆发，形成需求的“峰聚效应”。按照新古典经济增长理论的假设，类似这样的超大节事不会促进技术进步，从而不会影响长期的经济增长率。

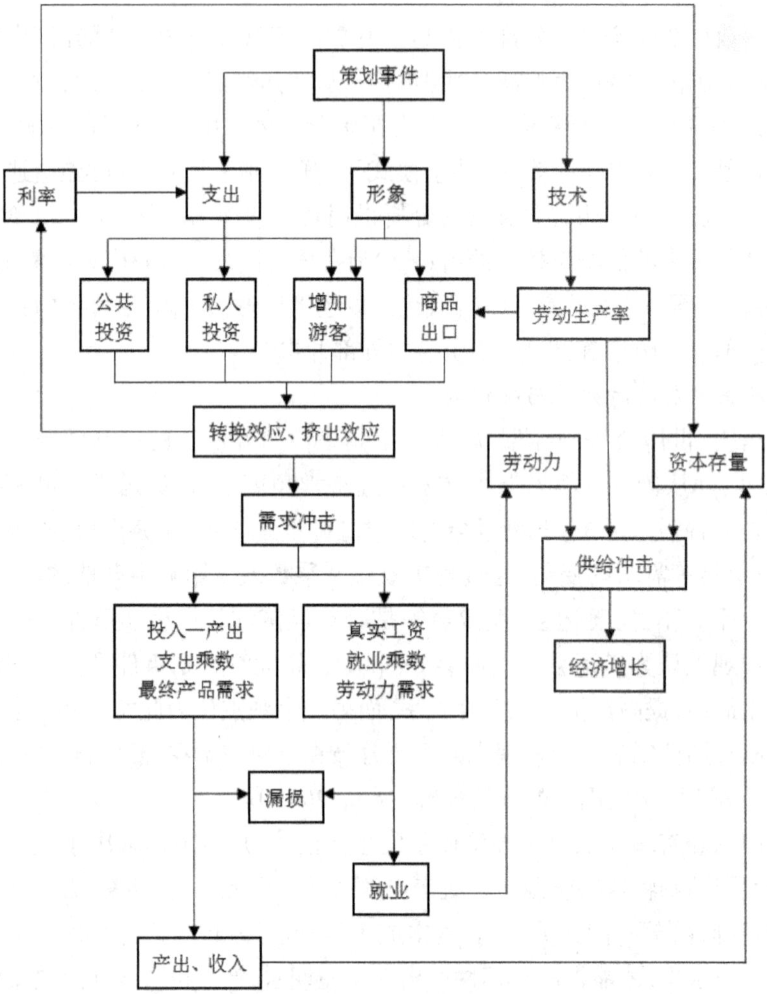

图 3.1 策划事件的经济影响机制

来源：参照了付磊（2002）的相关成果

世界性、超大型策划事件促进经济长期增长取决于技术促进效应。按照内生型增长模型的假设，经济机构可以“干中学”，那么诸如奥运会和世博会这样一项巨型任务将提供可观的学习机遇，由此产生技术进步，从而提高经济增长率。如果此类事件能够为主办地带来更多的基础性资源或者生产过程改进再或者资源的更集约化利用，那么无疑将提高主办地长期经济增长的能力，否则，其经济影响就只能是一种短期冲击。

第二节　开放经济下冲击响应机制研究

一、突发事件引致的冲击响应机制分析[①]

(一)突发事件的冲击传导分析

旅游危机的影响机制是从减少客流开始,按照“客流—物流—资金流”的相继减少顺序削弱旅游经济活动的频率,随着游客量的减少,物流、资金流相应减少甚至停顿,目的地的旅游产业链断裂,旅游经济陷入困境。

对于旅游危机的形成机理来说,从旅游者对危机的感知角度来看待旅游危机的影响,这是旅游危机产生和扩展的根源;从旅游危机的影响路径出发,主要是旅游危机所影响的对象和范围,是危机影响的外在表现,是旅游危机管理的主要对象和内容。前者是隐形的形成机理,后者是显性的影响路径。前者是内在根源性的形成机理,后者是外在表现性的影响路径,两者的综合就是旅游危机的影响机制。

从总体上来看,突发性旅游事件主要通过三个因素影响旅游业:安全性因素、经济社会性因素、物质性因素。安全性因素指危机中不确定性因素对旅游安全的威胁和对旅游预期安全的威胁。目前,大多数旅游者对旅游活动中的安全性要求的程度越来越高,安全已成为影响旅游活动的最重要的因素之一,直接影响旅游活动过程和旅游愿望。经济和社会环境是影响旅游需求的最根本因素,这两个因素的波动自然导致旅游需求的波动。突发性旅游事件对一个国家或区域的经济社会系统的扰动,改变旅游客源地的经济发展水平和游客可支配的收入状况,从而导致游客的出游能力和愿望的波动。物质性因素指旅游资源和旅游基础设施等。突发性旅游事件往往可能对旅游资源和旅游交通设施造成极大的破坏,降低旅游目的地的通达性和旅游资源质量,进而影响旅游需求。

旅游危机通过三条途径对旅游目的地的发展施加影响:一是直接作用于旅游目的地。一方面由于危机的破坏作用,使旅游资源受到破坏,游览价值降低或不再具有游览价值,也可能是旅游接待设施受到损害,目的地不具备了旅游接待能力。另一方面是通过损害目的地的吸引物及在旅游者心目中的感知形象,破坏旅游供给市场,导致旅游需求的波动。二是作用于旅游客源地,通过影响客源地旅游者的经济能力、行为模式和心理预期,直接破坏旅游需求市场。三是影响

① 本部分主要参考李锋(2008)相关章节的内容。

旅游交通及可达性，影响游客旅游活动的进行和旅游活动的实施完成。总的看来，旅游危机的影响路径如图 3.2 所示。

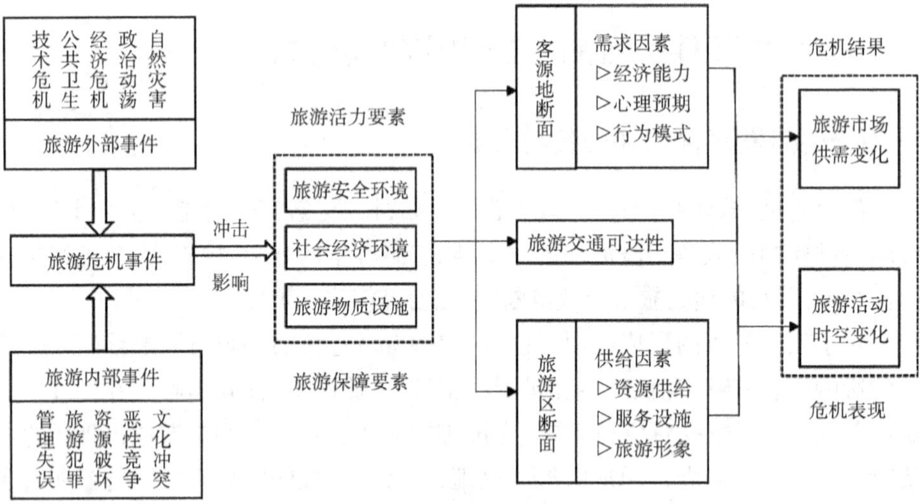

图 3.2 旅游危机影响路径

来源：李锋，2008

（二）突发事件的冲击管理分析

旅游危机管理框架模型最有代表性的是卡塞迪（Cassedy，1991）、德雷贝克（Drabek，1995）、福克（Faulker，2001）各自所建立的模型。其中，Faulker（2001）提出了旅游灾害管理框架（framework for tourism disaster management，简称 TDMF）。李锋（2008）在 TDMF 的基础上，构建了旅游危机管理框架（Skectche Structure of Tourism Crisis Management，SSTCM），框架结构如图 3.3 所示。

SSTCM 模型框架主要分为三大部分。一是危机阶段，包括常态危机管理阶段、危机前兆阶段、危机控制和处理阶段、危机后阶段。二是防范和应对危机以及预防和应对引致危机的过程要素。三是危机管理战略的组成。常态危机管理阶段、危机前阶段、危机控制和处理阶段和危机后阶段组成危机的四个阶段。根据每个阶段的特征和涉及要素建立的管理框架，包括各个阶段的首要任务和具体措施。

常态危机管理阶段，即融入日常旅游管理中的危机管理。常态危机管理阶段也是防患于未然的最主要阶段。具体内容包括：（1）建立旅游危机基金；（2）建立危机预警系统；（3）建立安全保障系统；（4）建立危机教育体系；（5）危机管理组织的构建；（6）危机管理法律法规的建设；（7）制定危机应急预案。

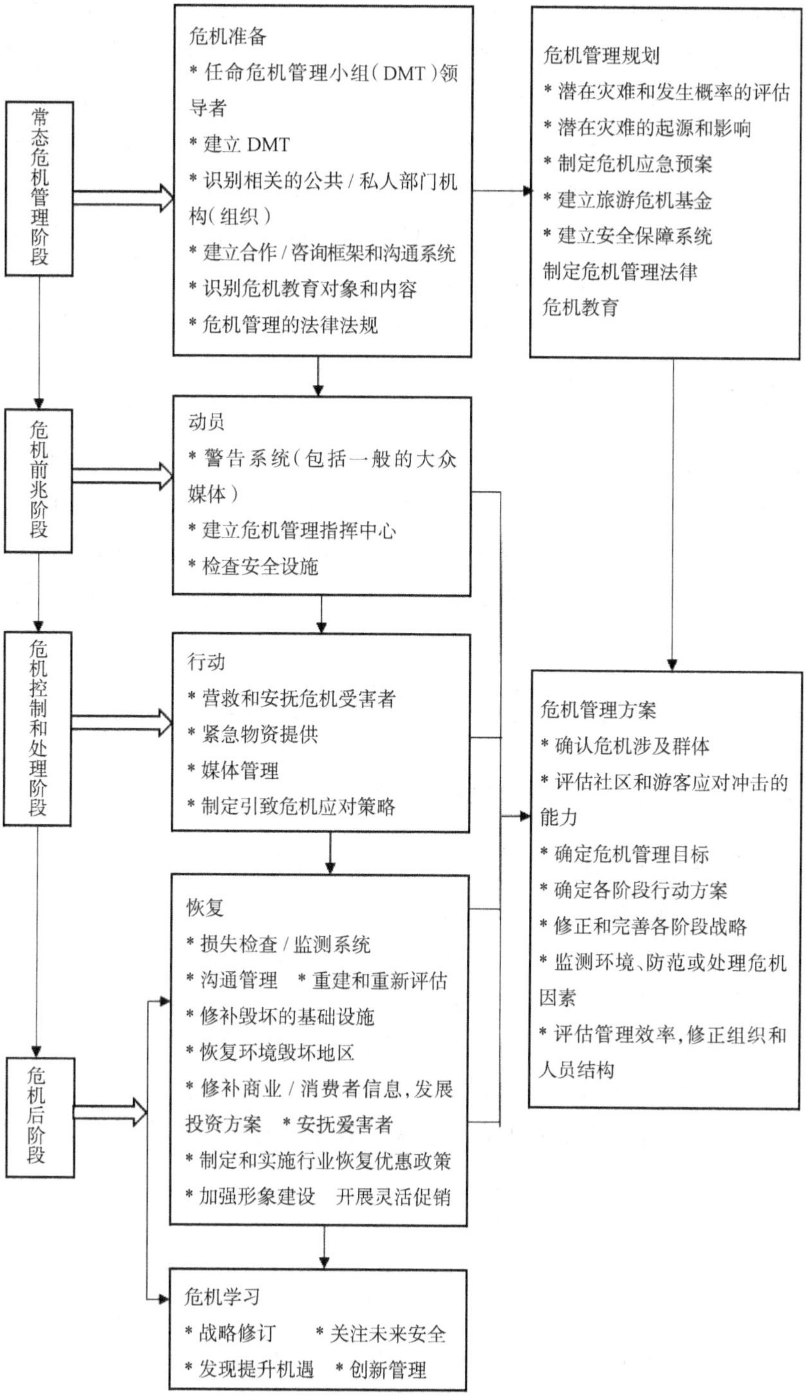

图 3.3　SSTCM——旅游危机管理框架结构

来源：李锋，2008

危机前兆阶段有明显的迹象表明危机可能爆发。此阶段指危机爆发之前已有迹象表明危机发生不可避免,或者是突发性危机事件刚刚爆发,还没有来的及对旅游业造成严重影响的阶段。这一阶段要做的工作是:(1)紧急成立危机管理指挥小组;(2)根据危机性质选取或修订危机应急预案;(3)对危机的性质、持续的时间及将对旅游业造成的影响进行评估;(4)根据潜在灾难的定义和分类及其出现的可能性,在各个管理层面和阶段上安排要实施的任务和行动步骤。

危机处理和控制阶段,即危机的应急处理阶段,从危机的应急处理开始到危机局面得以控制结束。危机已经爆发,这时的主要任务是危机的治理。危机管理中工作的重点:(1)重视沟通;(2)救助受害者;(3)注重资料的收集;(4)采取措施减轻危机造成的损失。

危机后阶段,即从危机事件已经结束,一直持续到目的地的旅游业完全复苏和提高的这段时期,这个时期没有明显的结束时间点。危机事件结束到旅游业完全复苏这段时期的工作主要是:(1)加强形象建设;(2)开展灵活促销;(3)修订旅游危机管理战略计划,目的是为了增强未来的安全性;(4)政府应适时做出政策反应。

二、策划事件引致的冲击传导机制分析①

(一)事件旅游对城市旅游促进的主要途径

1. 提升基础设施承载能力

为成功举办大型事件活动,应对大型事件举办期间大量流动人口对举办地基础设施的挑战,举办地会投入大量的资金,加速新建或改、扩建机场、铁路、高速公路、地铁等基础设施,完善水、电、气等能源网络,美化当地的生活环境,改善居民的居住环境,提升基础设施的承载能力。因举办大型事件所带动举办地的基础设施建设,必将加速当地基础设施的完善步伐,为地方旅游的发展带来更大的推动力,促进举办地旅游向更高的层次发展,提升旅游对经济发展的带动力。

2. 塑造举办地知名品牌形象

地方形象是举办地旅游发展的核心动力,是旅客感知、认知的印象和象征。地区举办事件活动是传播举办地形象的手段,塑造举办地品牌的策略。旅游事件在举办期间通过高强度、多方位、大规模的宣传报道引起人们的广泛关注,形成巨大的轰动效应,强化了举办地旅游形象,提升了地方知名度、美誉度。因此,成功举办大型旅游事件,可以展示举办地生机与活力,扩大举办地营销成效,塑

① 本部分根据焦永明(2010)相关论述梳理。

造、完善旅游举办地品牌形象。

3. 完善举办地旅游支持系统

旅游支持系统集交通、宾馆、饭店、娱乐、购物、通信、金融等部门于一体，包括硬件和软件两个方面，是举办地旅游的基础支撑和得以顺利进行的保证。举办大型事件所带来的巨大投资规模效应，极大地改善了旅游接待硬件设施，提升旅游接待的能力和水平。同时，为了迎接国内外游客的到来，提高游客的满意度，大型事件组织机构会对旅游业从业人员进行大规模的礼仪、外语、服务等知识的培训，提升旅游接待的软件水平。因成功举办旅游事件而实现的旅游接待软硬件设施的长足发展，会进一步完善举办地旅游支持系统，吸引更多游客，增加游客停留时间，促进当地经济发展，提高旅游经济发展的质量和效益。

4. 促进旅游产品升级换代

在事件活动策划阶段，旅游部门会针对即将到来的大量游客，完善已有观光旅游、文化旅游、科技旅游、生态旅游、民俗旅游等传统地方旅游产品，精心设计和开发更具浓郁特色的旅游产品。在事件活动结束之后，举办地的基础设施、旅游支持系统都得到了明显提升，这可以促使全社会发展会展旅游、商务旅游等高端旅游产品，促进旅游产品升级换代。

(二)事件旅游效应的挤出机制

大型事件会挤出其他旅游消费需求。分析奥运会、世博会等国际型、超大型事件对旅游者支出的影响也要注意这种“转换效应”和“挤出效应”。某些旅游者本来就计划到事件主办地旅游，事件本身只是改变了他们的时间安排而已。还有，大型事件可能只不过将某些旅游者的目的地从主办国的其他地方转移到主办城市或主办地区而已。因此，大型事件为主办地带来的某些经济利益可能是建立在减少其他地区客源为代价的基础上。

对社会其他投资需求的挤出。如果奥运会、世博会等相关设施的提供需要政府资金支持，那么政府支出的规模和结构将不可避免地异于不主办此类事件下的情况。如果主办地政府正在削减预算赤字和政府债务，此类大型事件相关建设投资将可能取代或推迟其他的政府资本项目支出，然而在操作中，这非常难以进行判断和量化。另外，政府的奥运会或世博会相关支出可能会“挤出”其他形式的私人资本支出，因为此类事件引发资本支出需求的增加可能会改变资金的供求平衡而提高市场利率，从而将经济体系中其他的那些边际利率敏感的投资需求“踢出”。当然，奥运会、世博会相关的私人资本支出在一定程度上也会通过相同的机制挤出某些投资活动。

三、开放经济下事件引致冲击的理论模型

(一)理论模型、假设与概念

米德是系统研究外部冲击的经济学家,他提出的"两国模型"(米德, 2001)奠定了国际经济学研究的基本模式,也为本书研究开放经济对旅游专业化的冲击效应提供了借鉴。"两国模型"将世界经济体系抽象为A国和B国后,在"中性经济"的假设前提下,探讨"自发干扰因素"对A国或B国内部或外部经济目标产生的干扰情况,通过它们的直接作用和间接影响,引起国民收入和国际收支的世界体系变化(如图3.4所示)。

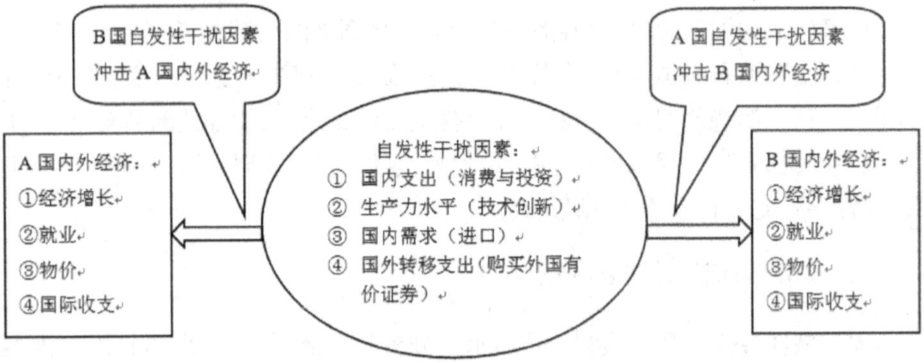

图3.4 自发干扰因素冲击A、B两国内外经济目标示意图

来源:鞠国华,2010

1. 中性假设

米德将外部冲击的假设条件称为"中性经济"(neutral economy),是预先设定的一系列制度上的假定:(1)不变的财政政策;(2)不变的货币政策;(3)不变的货币工资率;(4)不变的汇率;(5)不变的商业政策。上述这些条件是平行的,也就是说上述条件当中,任何一个条件发生变化,都可能会对A和B两个经济体产生冲击。

2. 国内外经济因素

两国的内外经济包括经济增长、就业、物价和国际收支。这些宏观经济变量往往会遭到自发性干扰因素(外部冲击)的影响,即两国国内支出、生产力水平变化、国内需求以及转移支出中的任何一个因素的变化,都会影响两国的内外均衡和对外经济目标的实现。

3. 自发干扰因素

米德所提的“自发干扰因素”（spontaneous disturbances）是指任何基本条件的变化，包括四方面：（1）A、B 两国中某一个国家国内支出的自发增加或减少，如国内消费、投资；（2）A、B 两国中某一个国家生产力的提高，如技术创新提高了劳动生产效率；（3）对国外产品的需求状况，即进口情况；（4）对外转移的自发变动，即对外单方转移支出。

4. 国内外经济目标

该目标描述国民收入和国际收支处于内外均衡。内外均衡是研究外部冲击的一个理想假设状态，在上述假设条件下，任何自发干扰因素都能对内外均衡产生影响，使内外陷入非均衡状态。内部经济目标包括：A 国的就业量；B 国的就业量。外部经济目标包括：A、B 两国间的国际收支，以及 A、B 两国间的实际贸易条件。上述内外经济目标归结为总供给与总需求，或者总收入与总支出和国际收支平衡。

（二）冲击效应的传导机制分析

根据米德国际经济理论，本书运用“两国模型”来分析赴华旅游客源国与我国宏观经济变量的变化对双方经济产生的冲击。所谓经济体无法预测与控制“扰动因素”引发的冲击，是指由于重大事件超越于一个经济体的宏观经济管理范畴，如金融危机、政治风波、传染性疾病等冲击。最典型的就是美国次贷危机。下面以美国作为客源国，分析中美两个经济体的旅游专业化冲击发生机理。

在旅游服务贸易领域，冲击效应是如何通过中美双方的进口与出口发生，进而影响宏观经济呢？假设汇率既定和其他因素忽略不计，从美国进口来看，美国游客赴中国旅游，是美国服务贸易的进口，就是中国服务贸易的出口。美国进口增加，中国出口增加，在贸易乘数作用下，中国的旅游服务贸易出口带动了相关行业的发展，就业增加，国民收入增加，GDP 增长；反过来，美国进口减少，中国出口就会相应地减少，在贸易乘数的作用下，中国的入境旅游产业就会萎缩，失业增加。从中国进口来看，中国赴美游客增加，从美国进口服务的增加，美国出口相应提高，在贸易乘数的作用下，美国入境旅游行业增长，就业增加，国民产出增加；反之，如果中国赴美游客减少，美国的服务贸易出口也相应会减少，入境旅游产业就会受到冲击，失业率会上升，国民产出下降。

由于经济开放，内部宏观经济变量与外部宏观经济变量两者之间有着千丝万缕的联系，因而一国的宏观经济政策会产生溢出效应，其所采取的宏观经济政策，本来是为了实现内部经济目标，但是在开放经济条件下，由于国际经济传导机制的作用,会将其所采取的宏观经济政策效应传递到其他经济体中。作为次贷危机的应对举措,美国采取扩张性的货币政策,货币对外贬值。同期,我国对美汇率维持不变,经历着人民币对外升值,使得来自美国游客赴我国旅游消费变得相对昂贵,因而对我国入境旅游国际收入产生负面的冲击。另一方面,美国采取扩张性财政政策导致美国的产出增加,对我国的产出产生相反的作用。因为美国会把富余的收入花费在我国商品上。由于这个缘故,对我国产出的需求上升了。理论上,美国持久的货币扩张与财政扩张因而会对我国产出产生两个相反的作用,而净结果如何,依赖于哪种影响更强,我国的产出可能会上升,也可能会下降,见图 3.5。

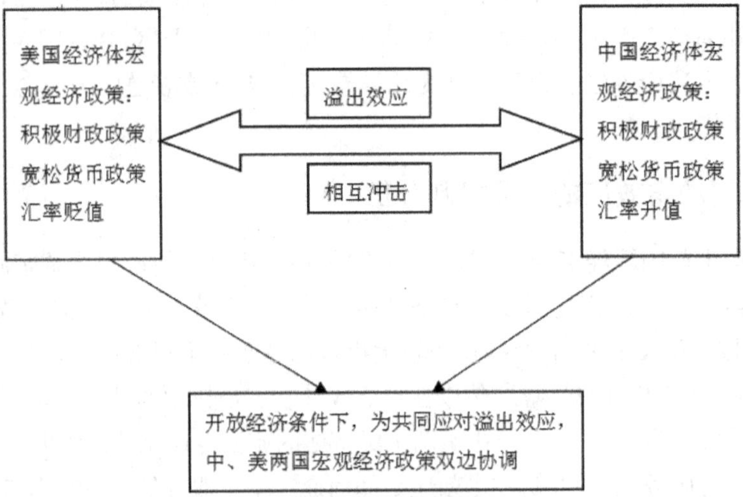

图 3.5 溢出效应下政府宏观经济政策协调

来源:参考鞠国华(2010)

第三节 冲击效应的统计特征研究

本书将通过特征事实研究,对旅游专业化冲击效应的相关规律进行探索。特征事实即利用特定技术对统计事实进行提炼和对比,从而发现的具有一定普遍性的经验规律。换言之,特征事实建立在统计事实的基础之上,通过特殊的方法揭示统计事实中那些不明显的特征,是对统计事实的一种精炼。此处,统计事实指利用统计方法记录的宏观经济运行数据,以各种频率的时间序列形式存在(汤铎铎,2007)。

一、冲击效应的相关概念与计量方法

（一）冲击效应的评价方法与计量指标

1. 冲击效应的评价方法

（1）冲击效应的潜底分析方法

马丽君和孙根年（2009）指出本底趋势线理论（Theory of Natural Trend Curve）是关于本底趋势线的定义、建模、画法和其应用的理论与方法。孙根年（1998）提出旅游本底趋势线概念——在不受偶然事件严重冲击和干扰下，境外或境内旅游业发展所呈现的固有趋势线方程（或动力学方程），反映一个国家或地区旅游业发展天然而稳定的趋势和时间规律。通过建立本底趋势线（Background Trend Line，简称本底线），计算本底值与统计值的偏差，可以得到各次事件对旅游业影响的具体值。突发事件旅游危机的事后评价，就是分析统计线与本底趋势线的偏离，计算“凹型谷”所代表的旅游损失及其相关指标。图 3.6 将某地区旅游的发展划分为 5 个阶段（或时间序列的 5 种变化类型），其中，光滑曲线为生命周期的本底趋势线，带点实线为实测数据的统计线，“凹型谷”形象地反映了突发事件对旅游业发展的冲击和影响。

（2）政策响应的对比分析方法

旅游政策与旅游业发展或经济发展之间具有因果关系，多是从旅游业或经济发展情况来评估旅游政策经济效应（Deegan，Dineen，2000）。常用的政策评价定量研究方法有简单“前 - 后”对比分析、“投射 - 实施后”对比分析、“有 - 无”政策对比分析、“控制对象 - 实验对象”对比分析（陈庆云，2011）及成本 - 收益分析、成本 - 效能分析（陈振明，2003）等。运用数理统计等自然科学方法验证政策评估的结果，不同的方法有其各自的适用范围与适用程度（廖筠，2007）。本书采用“投射 - 实施后”对比分析法对旅游政策进行评价。“投射 - 实施后”对比分析法考虑到原有政策的影响，将政策执行前的趋向线 O_1O_2 投射到政策执行后的某一时间点 A_1 上，并将在 A_1 点得到的投影与政策执行后的实际情况 A_2 进行对比，以确定政策执行效果。若 $A_2-A_1>0$，说明政策实施的效果是正效应；若 $A_2-A_1<0$，说明政策实施的效果是负效应（如图 3.7 所示，政策效果 $=A_2-A_1$）。该方法通过投射的方法剔除了原有政策的延续对实际情况的影响。这种方法通过投影同时也过滤掉一些非政策因素的影响（王慧娴，张辉，2015）。该方法考虑了原有政策的正常影响，通过投射数据剔除了原先政策的延续作用对实际旅游发展的影响。

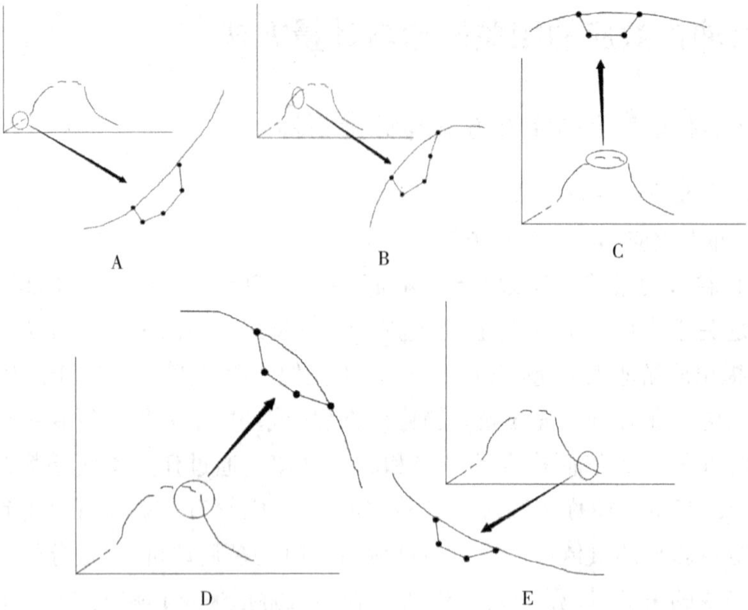

图 3.6 旅游生命周期不同阶段突发事件的冲击及所形成的"凹型谷"

A. 成长期旅游危机;B. 成熟期旅游危机;C. 停滞期旅游危机;D. 衰退期旅游危机;E. 消亡期旅游危机

来源:参照了马丽君和孙根年(2009)成果

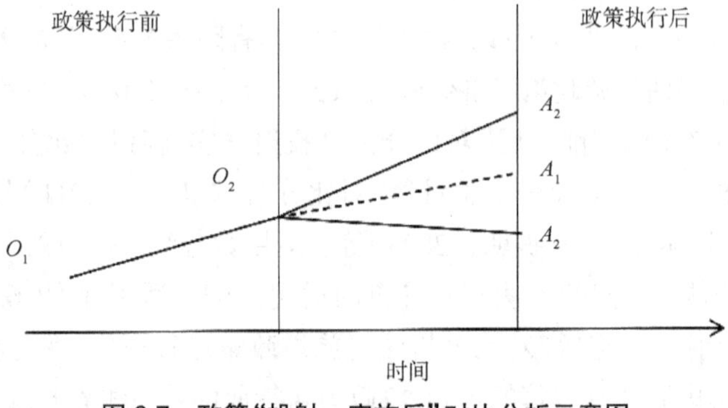

图 3.7 政策"投射 - 实施后"对比分析示意图

注:A_1 表示不施加旅游政策的假设情况,A_2 表示施加旅游政策后的实际情况

来源:王慧娴,2016

2. 冲击响应的计量指标和核心概念

有鉴于此,通过引入旅游专业化潜在趋势,本书尝试提供研究旅游专业化的"参照系"(见图 3.8)。这种"参照系"基于特定假设前提,对旅游专业化发展理想状态的描述,并不一定能准确无误地描述现实经济,但是却有助于理解现实旅

游专业化的发展规律，作为评价事件冲击效应、旅游干预效果的标尺（邓创等，2012）。潜在旅游专业化即是这样一种参照基准，反映当旅游专业化发展中不存在任何不可预见的冲击时，旅游专业化发展在稳定状态所要求的实际水平。需要强调的是，趋势值是外生变量相对稳定时，当主要经济活动正常开展的情况下，所能对应的旅游专业化增长水平。旅游专业化增长率的长期趋势，是由地区经济结构、旅游资源和国际化程度等共同支撑的运动轨迹，基本特征为稳定性较高。

旅游专业化实际值与其潜在值的差为旅游专业化缺口。旅游专业化缺口是在潜在趋势定义上引申出来的一个概念，它表示为旅游专业化的实际值与潜在值的差额或这个差额占实际值的比率。它测度的是周期性波动对旅游专业化的影响，反映了现有旅游资源的利用程度。趋势值可视为波动的界定基准。若实际水平高于趋势值，则认为旅游专业化存在正向波动，在正向波动超过一定程度的情况下旅游专业化就处于扩张状态；反之，若实际水平低于趋势值，则认为旅游专业化存在负向波动，在负向波动超过一定程度的情况下旅游专业化就处于收缩状态。相应的，旅游专业化波动成分，则是旅游专业化围绕其趋势水平的偏离，往往是入境旅游市场受到了来自新政策、重大事件等非预期冲击的结果。

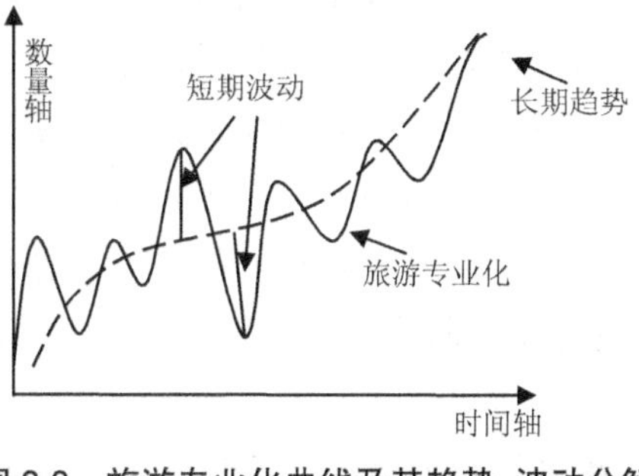

图 3.8　旅游专业化曲线及其趋势、波动分解

来源：本书研究成果

（二）冲击效应的主要特征与量化方法

1. 冲击效应主要特征与基本概念

“周期”和“波动”是描述冲击效应特征的核心概念。在全面理解冲击效应特征之前，有必要先厘清“周期”与“波动”之间的联系与区别。“周期”与“波动”本属于物理学术语。“波动”本意是指震动的传播过程，而“周期”本意是指物体完成一次震动，或再度恢复到某一状态所需要的时间。显然，“周期”与“波动”两术语存在联系。“周期”的内涵相对较窄，只有在一定时间内物体运动的某些特征重复发生才能称之为周期现象，它是波动的一种表现形式。“波动”的内涵相对较广，只要物体运行中存在震动，无论是否具有周期性，都可称之为波动。在借用到经济学后，这两个术语与原来的含义相对应，经济波动概念比经济周期概念宽泛得多，只有当经济波动呈现某种周期性特征时，才称之为经济周期，而经济波动是指经济总量的扩张和收缩过程，它可以是周期性波动，也可以是非周期性波动（李天锋，2011）。

旅游专业化冲击效应的主要特征是其波动性，即入境旅游占国民生产总值数据呈现出的一种波动状态。如前所述，所谓旅游专业化波动成分是对长期趋势值的偏离。此处参照经济周期经典定义，基于旅游专业化波动成分概念进一步提出旅游专业化波动周期特征，即旅游专业化波动周期由该地旅游专业化进程中所发生的扩张，随之而来的同样普遍的衰退、收缩和与下一个周期的扩张阶段相连的复苏所组成；这种变化的顺序反复出现，但并不是定时的。简言之，旅游专业化波动周期是旅游专业化波动水平扩张和收缩有规律的交替过程，是旅游专业化波动偏离长期趋势值的反复出现。

2. 冲击效应的量化方法

如何从宏观时间序列中去除趋势而得到周期成分？现代经验宏观经济学家使用了不同的去势和平滑方法。这些方法包括线性去势，一阶差分去势，移动平均，以及高通滤波器 (High-Pass Filter，简称 HP 滤波) 等。

纳尔逊（Nelson，1991）指出刻画宏观经济时间序列的最佳方式是随机趋势而不是线形趋势，随机趋势方法因而得到发展。巴克斯特和金（Baxter，King，1999）通过对各种滤波的仔细比较发现，线性去势和一阶差分去势是一个非常不好的经济周期滤波。这使得越来越多的人使用滤波方法识别时间序列中的永久性因素和周期性因素。纵观国内外经济周期实证研究，HP 滤波可算作应用最为广泛的滤波算子（彭斯达，2009）。在此，以 HP 滤波算子剔除趋势成分得到旅游专业化的波动周期成分。HP 滤波方法的运用原理是将旅游专业化波动周期看成旅游专业化增长率运行对某种缓慢变动路径的偏离，这种路径在样本期间内单调地增长，即所谓“趋势”，而对“趋势”的偏离即为“波动”。

尽管波动与周期往往在经济周期文献中交叉使用，但不适用于本书。此外，波动指变量中所有的变动，兼有周期、不确定性及风险等义（卢二坡，2007）。波动特征分析更关注冲击引发的不确定性和风险，由其导致的当期旅游专业化偏离趋势值水平，以及趋势值由此而生的调整。就波动的不确定性与风险特征而言，自回归条件异方差模型（Autoregressive conditional heteroskedasticity model，简称 ARCH 模型)的优势是其他滤波算子无法比拟的。有鉴于此,本书中波动特征研究将采用 ARCH 族类模型,刻画含有不确定性和风险等信息的旅游专业化波动,探讨长期趋势成分与短期波动成分的数据生成过程。

二、旅游专业化冲击效应的周期特征

(一)冲击效应的周期类型

早期社会总体经济规模相对较小、经济结构比较单一,经济的抗风险能力相对较差,一旦出现系统性的风险如农业歉收、战争等情况时,经济发展就表现为经济总量绝对水平的减少;相反,则表现为经济总量绝对水平的上升。因此,古典型经济周期描述一个国家在某一时期内经济总量绝对水平有规律地出现上升与下降的交替和循环。在经济扩张、收缩阶段,国内生产总值分别表现为正增长或负增长。

随着经济社会的发展,经济结构更加丰富,经济规模更加庞大,经济社会的抗风险能力也越来越强,因此,当出现某方面的风险而导致经济发展的低迷时,一般不再如以前那样出现经济总量绝对水平的下降。因此,现代经济周期描述社会总体经济活动的相对水平有规律地出现上升与下降的交替和循环,又称增长经济周期。与传统经济周期不同,现代经济周期的研究对象是总体经济活动的相对水平,或者说是 GDP 的增长率。因此,即使在经济的萧条或者衰退阶段,经济社会的 GDP 也很少出现绝对量的下降,而是仅仅发生增长率的减慢(吴金友,2011)。

综上,旅游专业化周期属于现代经济周期范围,以旅游专业化指标增长率的增减来描述周期,即在旅游专业化发展扩张阶段,总量指标表现为正增长,但在旅游专业化发展收缩阶段,总量指标表现为增长速度的滞缓。换言之,旅游专业化发展水平并不出现绝对水平上的下降,而只是增长速度的高低起伏波动。

(二)冲击效应的经典周期特征分析

1. 周期波动持续期

持续期是指单个旅游专业化发展周期从一个波谷到另一个波谷(或从一个波峰到另一个波峰)所持续的时间长度。旅游专业化发展周期波动持续期以年度为衡量的时间单位。通常来说,一个周期的长度较长,则说明该时期内旅游专业化波动较少,发展较稳定;反之,旅游专业化周期长度越短则说明发展越不稳定。

2. 周期波动幅度

经济周期波动幅度，又称“波幅”，是指在同一个周期内从峰值到谷值的指标差额。如以旅游专业化增长率来衡量经济周期，某一个周期的波幅就是该周期峰值年份旅游专业化增长率与谷值年份旅游专业化增长率之差，用公式表示为：

$$W=G_p-G_t \cdots\cdots\cdots\cdots\cdots\cdots\cdots\cdots\cdots\cdots\cdots\cdots \quad (3.1)$$

其中，W 表示波幅，G_p 表示峰值，G_t 表示谷值。波幅是衡量旅游专业化发展周期波动强度的重要指标。波幅越大，表示经济运行由高点到低点的落差越大，发展状态震荡越大；反之，波幅越小，发展状态就越平稳。

3. 平均位势

平均位势是指某一个周期内所有时间序列指标数值的算数平均值，它可以用来衡量某一个旅游专业化发展周期的整体提升状况。用公式表示如下：

$$G=\frac{\sum G_i}{n} \cdots\cdots\cdots\cdots\cdots\cdots\cdots\cdots\cdots\cdots\cdots\cdots \quad (3.2)$$

其中，G 表示平均位势，G_i 表示一个周期内不同时间单位的增长率，n 表示周期长度。平均位势较高，说明该周期内旅游专业化发展处于较高水平；反之，则说明旅游专业化在低位徘徊。

三、旅游专业化冲击效应的传导特征

本书引入短期、长期概念，进一步细化分析的时间维度。之前，旅游专业化缺口描述了旅游专业化冲击效应的短期状态。事实上，有可能找到旅游专业化冲击效应长期存在的证据。为此，本书基于旅游专业化短期波动与长期趋势概念提出冲击传导机制，即冲击通过旅游专业化短期波动影响长期趋势的过程。

（一）基于波动特征的关键问题

外界冲击会影响当下的旅游专业化增长率吗？此处，冲击指影响旅游专业化增长率变化的事件。如果事件冲击影响旅游专业化的增长率，那么这类冲击将频繁地使旅游专业化增长率短期波动发生变化。旅游专业化增长率波动将呈现不确定性。不确定性对应着波动一阶矩的时变性，即旅游专业化增长率不再恒定不变。此时，旅游专业化波动应以条件方差度量，而非样本标准差。

上述影响会因冲击的不同而不同吗？所谓“冲击的不同”，即冲击的方向。利好冲击对应着诱发旅游专业化增长率短期向上的冲击。不利冲击对应着诱发旅游专业化增长率短期向下的冲击。因此，该问题也可表述为：利好冲击与不利冲击所引发的旅游专业化增长率波动变化幅度是否相同，即旅游专业化波动增长率的条件方差对利好冲击与不利冲击的响应值是否相同。该特征即旅游专业化增长率波动的非对称性，是区分冲击向旅游专业化增长率波动传导环节的地区特征差异的关键所在。

冲击不仅影响旅游专业化增长率当下的增长，而且影响其未来的增长？换言之，若冲击会影响旅游专业化增长率的短期波动，那么，后者会把影响传导给长期趋势吗？其关键在于旅游专业化增长率短期波动变化与长期趋势变化之间是否存在联系。如果两者相关，那么答案是肯定的。因为旅游专业化未来增长率的上升是旅游专业化升级的重要表征，所以，冲击影响由旅游专业化增长率短期波动向长期趋势传导成立则冲击促进旅游专业化升级成立。

（二）波动特征的主要内涵

本书将根据旅游专业化升级的冲击传导机制的两个关键环节特征，非对称性和风险偏好，对冲击促进旅游专业化升级模式进行区分。在此基础上，提出同向强化与逆向强化两个维度。在冲击影响旅游专业化增长率短期波动环节，利好刺激强过不利刺激即为同向强化，利好刺激弱于不利刺激即为逆向强化。在冲击效应经短期波动向长期趋势传导的环节，风险偏好为正，波动提升趋势，即为同向强化；风险偏好为负，波动拖累趋势，即为逆向强化。上述维度相互独立，即传导机制某个环节存在同向强化并不意味着另一个环节也存在同向强化。根据相关地区在这两个维度上的不同表现，可以形成 4 种不同的冲击影响旅游专业化发展模式：顺势升级、逆势升级、不可持续型和脆弱型（如图 3.9 所示）。

1. *顺势升级模式*

当利好冲击强于不利冲击对某地旅游专业化增长率短期波动的影响，冲击刺激旅游专业化波动时非对称性呈现同向强化特征；而且，冲击效应经短期波动向长期趋势传导过程中波动将提升趋势，旅游专业化增长率长期趋势的风险偏好具有同向强化特征。上述特征表明该地区善于抓住机遇将利好转变为旅游专业化升级的动力，其升级模式属于顺势升级型。

2. *逆势升级模式*

当利好冲击弱于不利冲击对某地旅游专业化增长率短期波动的影响，冲击刺激旅游专业化波动时非对称性呈现逆向强化特征；但是，冲击效应经短期波动向长期趋势传导过程中波动将提升趋势，旅游专业化增长率长期趋势的风险偏好具有同向强化特征。这些特点表明该地区善于在危机中寻得转机,以不利形势倒逼当地旅游专业化升级,其升级模式属于逆势升级型。

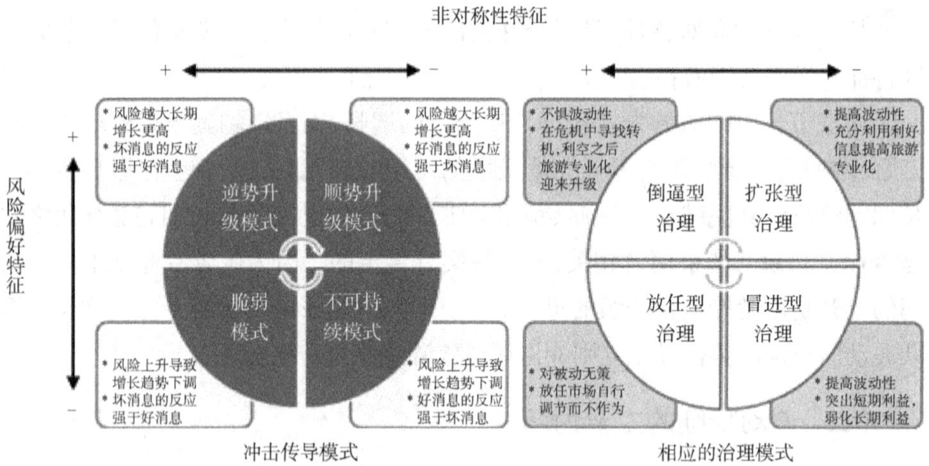

图 3.9 旅游专业化冲击传导机制与治理模式

来源:本书研究成果

3. 不可持续模式

当利好冲击强于不利冲击对某地旅游专业化增长率短期波动的影响,冲击刺激旅游专业化波动时非对称性呈现同向强化特征;但是,冲击效应经短期波动向长期趋势传导过程中波动将拖累趋势,旅游专业化增长率长期趋势的风险偏好具有逆向强化特征。上述特征表明该地无法将市场机遇转变为旅游专业化的长期发展,旅游专业化模式不具有可持续性,即不可持续型模式。

4. 脆弱模式

当利好冲击弱于不利冲击对某地旅游专业化增长率短期波动的影响,冲击刺激旅游专业化波动时非对称性呈现逆向强化特征;而且,冲击效应经短期波动向长期趋势传导过程中波动将拖累趋势,旅游专业化增长率长期趋势的风险偏好具有逆向强化特征。上述特征表明市场的急剧萧条将对当地旅游专业化发展造成的伤害不可逆,旅游专业化发展能力十分脆弱,即脆弱型模式。

鉴于政府干预对旅游专业化冲击传导模式施加的影响,在双维模型的基础上增加第三个维度,即冲击下旅游专业化调整过程中政府采取的干预(治理)模式:①当政府通过实施积极措施来扩大市场,促使当地旅游专业化顺势升级时,其治理模式为扩张型;②当政府通过改革和纠错来引导市场恢复,促使当地旅游专业化逆势升级时，其干预模式为倒逼型；③旅游专业化发展的不可持续型模式缘于短期目标优先于长远目标的行为导向，其干预模式为冒进型；④当市场机制占据绝对主导地位，放任不利事件的影响从短期向长期演变，加剧当地旅游专业化发展的脆弱性，则为放任模式。

第四章　开放经济下冲击事件的典型案例研究

“转方式、调结构不会一帆风顺，不可能一蹴而就，必然会遇到困难和阻力，但中国推进结构性改革的决心是坚定的，扩大开放的方针是明确的，不会有丝毫动摇”（习近平，2015）。为了辩证看待外部冲击的影响，需要选择合适的时期窗口来呈现开放经济利好与不利交错影响的不确定性与复杂性，观察旅游服务贸易领域中国坚持推进改革开放的具体实践。有鉴于此，本章以2007至2010年的重大事件为研究对象，包括利空角度的美国次贷危机与欧洲主权债务危机，以及利好角度的2008年北京奥运会与2010年上海世博会。通过分析特定类型事件的冲击机制及典型案例，明确开放型经济事件的主要影响。

第一节　冲击中国旅游发展的典型事件回顾

一、典型策划事件及概况

（一）中国承办的典型国际型赛事会展

奥林匹克运动会是国际奥林匹克委员会主办的世界上规模最大的综合性运动会。2008年8月第29届夏季奥林匹克运动会在中国北京举办，又称2008年北京奥运会。北京奥运会共有参赛国家及地区204个，60000多名运动员、教练员和官员参加。据统计，全国有6.4亿人收看了奥运会开幕式，6.58亿人收看了闭幕式。全球约有40亿人收看了奥运会开幕式，央视平均收视率超过50%，比雅典奥运会上升了14个百分点，创历史新高（党炳康，全祖馨，2009）。

世博会被誉为世界经济、科技、文化的“奥林匹克”盛会，其特点是举办时间长、展出规模大、参展国家多、影响深远。2010年5月1日至10月31日期间，第41届世界博览会在中国上海市举行，又称2010年上海世博会。此次世博会是由中国举办的首届综合类世界博览会。上海世博会总投资达450亿美元，创造了世界博览会史上最大规模记录。共有190个国家、56个国际组织参展。累计参观者达 73084 万人次，创世博会历史新高（张红光，2011）。

（二）中国国际关系领域的政治里程碑事件

1997 年 7 月 1 日中国政府恢复对香港行使主权，香港特别行政区成立，开始对香港岛、界限街以南的九龙半岛、新界等土地重新行使主权和治权。此前，中英双方经过两年多达 22 轮的谈判，并于 1984 年 12 月 19 日正式签署了《中英联合声明》，决定从 1997 年 7 月 1 日起，大不列颠及北爱尔兰联合王国政府将香港交还给中华人民共和国。

1999 年 12 月 20 日中国政府恢复对澳门行使主权，中华人民共和国澳门特别行政区成立，葡萄牙共和国结束统治澳门。此前，中葡双方在北京展开澳门问题的谈判，并于 1987 年 4 月 13 日正式签署了《中葡联合声明》，决定从 1999 年 12 月 20 日起，葡萄牙共和国将澳门交还给中华人民共和国。

二、典型突发事件及概况

（一）经济领域的危机事件

1994 年 1 月 1 日中国取消双重汇率制度，人民币官方汇率与市场汇率并轨，实行以外汇市场供求为基础的单一的有管理的浮动汇率制。1994 年 1 月 1 日，人民币兑美元报价 8.72，相比 1993 年 12 月 31 日的人民币兑美元汇率 5.7，贬值 33%。1994 年 4 月 4 日，银行间外汇市场正式运营，各外汇指定银行依照中国人民银行公布的汇率，在规定的上下幅度内决定挂牌汇率对客户买卖外汇。

1997 年 7 月 2 日，亚洲金融风暴席卷泰国，泰铢贬值。不久，影响波及马来西亚、新加坡、日本和韩国等地。亚洲经济高速发展势头受到重创。亚洲一些经济大国的经济开始萧条，一些国家的政局也开始混乱。

2007 年爆发美国次贷危机。这是由美国次级房屋信贷行业违约剧增、信用紧缩问题而于 2007 年夏季开始引发的国际金融市场上的震荡、恐慌和危机。美国“次贷危机”从 2006 年春季开始逐步显现。2007 年 8 月开始冲击美国、欧盟和日本等世界主要金融市场，进而波及全球实体经济发展，成为 20 世纪 30 年代“大萧条”之后最严重的全球性经济危机。

2009 年爆发欧洲主权债务危机，简称欧债危机。这是 2008 年金融危机之后欧洲部分国家因在国际借贷领域中大量负债并超过了其自身清偿能力，造成无力还债或者必须延期还债的现象。2009 年 12 月，欧洲主权债务危机最早在希腊显现。到 2010 年 4 月底，蔓延至欧元区内经济实力较强的葡萄牙、意大利、爱尔兰和西班牙。此后,法国和德国两个欧元区的核心国家也受到了危机的影响。

2013 年人民币兑美元中间价连创新高。当年,在历经一季度小幅震荡、并未呈现明显的持续升值或贬值走势后,从 4 月初开始,人民币升值趋势逐渐清晰。据统计,2013 年人民币汇率中间价累计 41 次创新高,上涨 1984 个基点,累计升值幅度近 3%,升值幅度近于 2012 年的 3 倍。来自国际清算银行公布的数据则显示,2013 年以来,人民币实际有效汇率和名义有效汇率分别升值 7% 和 6.4%。上述数据在 2012 年,则分别为 2.2% 和 1.7%。

(二)生态环境领域的突发事件

1998 年,长江流域发生了历史上罕见的全流域特大洪水;东北嫩江、松花江发生了百年不遇的特大洪水;西江、闽江等江河也发生洪水灾害。由于洪水量级大、涉及范围广、持续时间长,洪涝灾害非常严重。据初步统计,江西、湖南、湖北、黑龙江、内蒙古、吉林等六省(区)受灾最重。全国共有 29 个省(自治区、直辖市)遭受不同程度的洪涝灾害,受灾面积 3.18 亿亩,成灾面积 1.93 亿亩,受灾人口 2.23 亿人,死亡 3000 多人,倒塌房屋 497 万间,各地直接经济损失约 2480 亿元。

2008 年 5·12 汶川地震,发生于北京时间 2008 年 5 月 12 日,地震波及大半个中国:北至沈阳,东至上海,南至香港、澳门,西至阿里地区均有震感。地震严重破坏地区超过 10 万平方千米,其中,极重灾区共 10 个县(市),较重灾区共 41 个县(市),一般灾区共 186 个县(市)。截至 2008 年 9 月 18 日 12 时,地震共造成 69227 人死亡,374643 人受伤,17923 人失踪。截至 2008 年 9 月 4 日,汶川地震造成的直接经济损失 8452 亿元人民币。在财产损失中,基础设施,道路、桥梁和其他城市基础设施的损失,占到总损失的 21.9%。

2013 年雾霾波及中国 30 个省(区、市)、100 多个城市,共出现 11 次大范围雾霾天气,全国平均雾霾日数为 1961 年以来历史同期最多,影响人口约 6 亿。2013 年 1 月,全国出现 4 次较大范围雾霾过程,涉及 30 个省(区、市),多个城市雾霾指数"爆表"。中东部大部地区出现持续时间最长、影响范围最广、强度最强的雾霾过程。环保部 2013 年 1 月的调查数据显示,江苏、北京、浙江、安徽、山东月平均雾霾日数分别为 23.9 天、14.5 天、13.8 天、10.4 天、7.8 天。2013 年 10 月 20 日,以中国东北地区哈尔滨为中心,包括吉林省、黑龙江省、辽宁省在内的地区发生大规模雾霾污染。在哈尔滨市,$PM_{2.5}$ 的日度平均值一度达到每立方米 1000 微克,能见度降至 20 米,机场被迫关闭,两千多所学校停课。雾霾也导致黑龙江省境内多条高速公路被迫关闭。

（三）公共卫生领域的危机事件

2003 年我国爆发传染性非典型肺炎（SARS）。此病最早于 2002 年 11 月 16 日在广东顺德爆发。3 月 15 日后，世界多地出现非典型肺炎的报道。印尼、菲律宾、新加坡、泰国、越南、美国、加拿大等国家都陆续出现了多起非典型肺炎案例。为防止非典型肺炎的进一步扩散，世界卫生组织于 3 月 15 日发布了一份紧急“旅行警告”。4 月 15 日，世界卫生组织将新加坡、加拿大多伦多、越南河内和中国的广东省、山西省及台湾、香港列为疫区。4 月 1 日，美国政府召回了所有驻香港和广东的非必要外交人员及其家眷。同时警告美国公民，除非必要不要到广东或香港访问。许多原定于在中国大陆举行的体育赛事被迫转移到其他国家进行，如原定于在中国举办的国际足联女子足球世界杯移至美国举行，国际冰球联合会宣布取消原定于北京举行的 2003 世界女子冰球锦标赛，国际排联决定将世界女排大奖赛全程改在意大利举行。据亚洲开发银行（Asian Development Bank，简称 ADB）统计，因受 SARS 影响，全球在此期间经济总损失额达到 590 亿美元，其中中国内地经济的总损失额为 179 亿，占中国 GDP 的 1.3%，中国香港经济的总损失额为 120 亿美元，占香港 GDP 的 7.6%。

2009 年至 2010 年，猪源性甲型 H1N1 流感（swine-origin influenza A H1N1 virus，简称甲型 H1N1）在全球范围内大规模流行。2009 年 3 月，墨西哥、美国等国家和地区出现甲型 H1N1 流感疫情，并在全球范围内蔓延，至 7 月份已经传播 160 余个国家和地区。2009 年 4 月 27 日，世界卫生组织将 H1N1 流感病毒从 3 级升到 4 级警报，2 日后又升级至 5 级警报。2009 年 5 月 10 日，中国内地确诊了首例甲型 H1N1 流感病例。截至 2010 年 3 月 31 日，中国 31 个省份累计报告甲型 H1N1 流感确诊病例 12.7 余万例，其中境内感染 12.6 万例，境外输入 1228 例；已治愈 12.2 万例，死亡病例 800 例。2010 年 8 月，世卫组织宣布甲型 H1N1 流感的流行期已经结束。

（四）国家安全领域的恐怖事件

2008 年 3 月 14 日，西藏自治区首府拉萨市区的主要路段发生打砸抢烧事件，过往车辆被焚烧，商场、电信营业网点和政府机关受到冲击，当地人民群众生命财产遭受重大损失，当地社会秩序受到严重破坏，无辜死亡的平民共计 13 名，直接财产损失超过 3 亿元。

2009 年 7 月 5 日晚上，乌鲁木齐发生打砸抢烧严重暴力犯罪事件。此次事件中，197人死亡，1700人受伤，受损房屋719户，总面积在21353平方米，其中受损店面331家，被烧毁房屋29户，面积13769平方米，被砸烧车辆共计1325辆。乌鲁木齐7·5事件成为新疆自新中国成立以来造成人员伤亡最多、财产损失最严重、社会影响最大的一次暴力犯罪事件。

表4.1 影响中国旅游专业化发展的重大事件(1991年至2014年)

发生时间	事件名称	发生时间	事件名称
1994年	浮动汇率制改革	2008年	北京奥运会、3·14拉萨暴力事件、5·12汶川地震
1997年	亚洲金融危机、香港回归	2009年	欧洲主权债务危机、甲型H1N1疫情、7·5乌鲁木齐暴力事件
1998年	亚洲金融危机、长江流域特大洪水灾害	2010年	上海世博会
2003年	SARS疫情	2013年	全国多地出现严重雾霾污染、人民币大幅升值

来源：根据所引文献整理

第二节 国际型、传染型突发事件的典型案例分析

一、关键概念与典型事件

(一)金融危机的概念与分类

金融危机多指对金融机构、金融市场等造成破坏(张婷，2015)。国际货币基金组织(International Monetary Fund，简称IMF)在1998年出版的《世界经济展望1998》中对金融危机进行了分类。一是货币危机。一国货币受利率和汇率影响较大，国外游资可以通过对一国汇率进行投资性袭击，使货币出现动荡甚至是持续性贬值，由此影响政府做出提高利率、增加外汇储备的政策决定。二是银行业危机。对商业银行而言，最大的风险在于信用风险，当银行出现流动性紧张，不能如期偿付债务时，政府就需要介入银行，避免大范围的违约现象发生。当一国国内的多家银行出现此类危机时，很有可能波及到整个金融系统，从而引发区域性的危机。如美国的次贷危机就导致了大量银行濒临破产或倒闭。三是

外债危机。这类危机多与一国的政府作为有关,如果政府或个人不能够如期偿付其所欠外债就可能引起危机,如欧洲主权债务危机。四是系统性金融危机。系统性危机是不可规避的危机,因此也可以称为“全面金融危机”,指在金融领域出现了大范围的危机。

(二)金融危机中政府的干预

狭义的政府干预指政府救助,即政府充当最后贷款人角色,也就是说当市场出现流动性紧张的时候,央行通过公开市场操作或贴现窗口、直接贷款等方式向市场提供流动性(张婷, 2015)。当政府在经济危机中面临着更大的挑战,政府干预的边界也呈现扩大趋势时,中央银行扮演最后贷款人的角色定位,已很难全方位定义政府在金融危机中的行为。因此,就需要政府多个部门联动协作,不仅中央银行通过公开市场操作、贴现窗口和直接贷款等方面对经济进行调节,而且财政部门也要发挥关键性作用。同时,政策措施要系统连续,不仅在货币政策上追求稳健行远,而且也要发挥财政政策的特殊作用。

(三)欧美金融危机的典型事件

美国次贷危机与欧洲主权债务危机相继爆发,相关国家政府迅速干预市场,在全球经济领域产生了广泛而深刻的影响。其中,美国次贷危机是典型的银行业金融危机。此次危机产生于抵押贷款市场,又通过金融创新将有风险的产品层层打包并被放大转移到不同的领域中,导致了大量银行濒临破产或倒闭,影响了整个市场的流动性。美国政府数次大规模注资,市场的流动性紧张问题有所缓解。美国政府还通过对大银行金融机构“国有化”方式挽救了一批濒临破产的机构。这些举措有效削弱了不良后果的连锁破坏性。然而,次贷危机爆发后,即迅速演变成国际金融危机,受其影响,欧洲银行业出现了大量与次级贷款相关的资产损失,欧洲实体经济也受到巨大的影响,尤其是希腊、西班牙和爱尔兰等国经济下滑趋势更加明显。欧元区国家无法使用货币政策刺激经济,只能最大限度地实施扩张性的财政政策。在经济疲软的情况下,相关欧元区成员国政府为了刺激经济和救市,以大规模举债支撑财政支出的快速增长,导致债务率攀升,欧债危机成为债务危机的典型案例(牟岚,2014)。

二、美国次贷危机的历程、影响及对策

(一)美国次贷危机历程回顾

2007年,在以美国为代表的全球经济增长减弱的大背景下,次贷危机的爆发和蔓延成为了这一年全球金融市场的主要特征,并在多数时间里一直是市场的焦点(徐凡, 2008)。次贷危机的演进过程大致可以分为三个阶段(张育军, 2014)。

危机爆发阶段,投资者的恐慌情绪开始蔓延。2007年2月,汇丰银行宣布北美住房贷款按揭业务遭受巨额损失,减记108亿美元相关资产,次贷危机由此拉开序幕。2007年4月,美国第二大次级抵押贷款公司新世纪金融公司因无力偿还债务而申请破产保护。随后30余家美国次级抵押贷款公司陆续停业。受次贷风暴影响,当年8月,美国第五大投行贝尔斯登宣布旗下两只对冲基金倒闭,随后贝尔斯登、花旗、美林证券、摩根大通、瑞银等相继爆出巨额亏损。2008年3月中旬,贝尔斯登因流动性不足和资产损失被摩根大通收购。

全面扩散阶段,华尔街整体陷入流动性危机。2008年7月,美国房地产抵押贷款巨头"两房"——房利美和房地美公司遭受700亿美元巨额亏损,最终被美国政府接管。2008年9月中旬,美国第四大投资银行雷曼兄弟陷入严重财务危机并申请破产保护。美林证券被美国银行收购。华尔街的五大投行倒闭3家。雷曼兄弟的破产,导致全球投资者的信心下挫,包括中国在内的全球股市持续暴跌,欧洲的情况尤为严重,欧元兑美元汇率大幅下挫。2008年9月下旬,总部位于西雅图的华盛顿互惠银行被美国联邦存款保险公司接管,成为美国有史以来倒闭的规模最大的银行。

企稳回升阶段。次贷危机后,不仅金融市场遭受全面打击,流动性出现严重不足,美国的经济也受到严重冲击。2008年第四季度,美国GDP下降6.1%,失业率节节攀升并于2009年创下50多年来的最高纪录。随后,美国政府在2009年出台了全面的经济刺激计划,美联储经过多次降息后,将利率降至接近于零的水平,并一直维持不变。除此之外,美联储先后出台了四轮量化宽松政策,通过购买大量的资产支持证券、出售国债,为市场注入流动性。拯救措施的效果逐渐显现,美国经济逐渐复苏,主要股指恢复到危机前水平。

（二）美国次贷危机的影响分析

1. 中美双边贸易影响分析

次贷危机不仅影响了中国对美国的出口，还导致双边贸易摩擦加剧和人民币汇率问题的政治化。2009 年，美国经济进入衰退。由于进口需求的急剧下降，中国对美国的出口大幅减少。尽管美国经济自 2009 年底开始缓慢复苏从而带动了进口需求的上升和贸易逆差的扩大，但是美国对华贸易逆差的增速依然相对较低，位居其前六大贸易逆差来源国的末位。为此，美国政府一方面通过各种隐蔽的贸易保护措施抑制其主要贸易伙伴国对美国的出口；另一方面，通过推行弱势美元政策（即维持美元对其主要贸易伙伴国的货币的弱势地位），以改善其国际收支状况。这些举措不仅加剧了中美双边贸易摩擦，而且还导致了人民币汇率问题的政治化。

2. 中美双边投资影响分析

中美双边投资关系在全球金融危机爆发前存在显著的非对称性，主要体现在中国比美国更加依赖来自对方的直接投资。由于美国对华直接投资遵循“最优市场投资”这一策略，因此美国对华直接投资基本上一直保持较快的增长，美国成为中国吸引外商直接投资的最主要来源国之一。然而受全球金融危机的影响，自 2009 年起，美国企业对华直接投资规模的增长速度开始放缓，并且连续两年出现投资存量负增长的情况。与此同时，由于美国的许多金融机构在金融危机期间出现了流动性危机甚至破产倒闭，从而使中国机构投资者持有的美国机构债务和金融债券面临严重的违约风险。另一方面，美国金融机构在全球金融危机爆发后出于调整其自身资产结构和改善经营状况以应对金融危机的需要，大规模抛售其持有的中国国有控股商业银行的 H 股，对中国的证券市场构成了极大的冲击。

3. 两国汇率及物价影响分析

美国联邦储备委员会为了应对危机，先后推出了四轮量化宽松货币政策以及弱势美元政策。不仅导致了全球流动性过剩、美元贬值预期以及通货膨胀预期，而且还推动了国际石油等大宗商品价格的急剧上涨。而中国为了克服金融危机的影响，在实施宽松的货币政策的同时，将人民币重新钉住美元。多重影响不仅使中国货币当局面临“输入型”通货膨胀的压力，而且还面临短期国际资本大规模流入的压力，从而使中国国内的流动性过剩进一步加剧，通货膨胀和资产价格被推高。

（三）次贷危机下美、中两国政府采取的应对举措

美国政府采取了多方面的措施，意图最大限度地限制危机的扩散和升级。一是推出四轮量化宽松货币政策以及弱势美元政策。二是针对在本次危机中暴露出的监管重叠、监管缺位和不到位的情况，美国政府加大了施政的力度，对金融监管体系进行结构性改革。三是实行“国有化”政策，包括美国政府宣布接管两大住房贷款融资机构房利美和房地美公司，以及纽约联邦储备银行向美国国际集团（AIG）提供 850 亿美元的紧急贷款等。四是积极扩大财政支出，通过直接财政补贴、减税、提供财政担保等方式刺激经济发展，推出了总额高达 7870 亿美元的经济刺激方案。五是出台法律规范政府行为，如《2008 年住房和经济恢复方案》《2008 年紧急经济稳定方案》等。这些法律的出台为日后政府行使权力、大规模救市提供了法律基础。

为了克服金融危机的冲击和影响，中国政府采取了一系列应对措施。一是实施宽松的货币政策，同时将人民币重新钉住美元。二是扩大政府投资，拉动内需。政府采取“十项措施”将 4 万亿重点投向保障性安居工程、铁路交通、农村民生工程等社会基础设施建设和社会公共事业。三是增强结构性减税，拉动经济。政府出台了一系列结构性减税的方案，包括取消和停止行政事业性收费 100 项，将部分纺织品、服装的增值税出口退税率从 11% 提高到 16%，并逐渐扩大出口退税范围，实施增值税转型改革以及降低房地产相应税收。上述减税、价格补贴等财政支出不在 4 万亿元覆盖范围。四是加大财政补贴和转移支付力度，重点领域包括教育、社会保障和就业、一般公共服务，加大对民族地区、粮食主产区和边境地区的倾斜力度，以及持续提高企业退休人员养老金。

三、欧洲主权债务危机的历程、影响及对策①

（一）欧洲主权债务危机历程回顾

2010 年美国次贷危机的影响尚未完全消退，又爆发欧洲主权债务危机。欧盟和 IMF 虽然采取救助机制、紧缩政府财政等一系列措施，但仍无法遏制危机扩散，危机引发的多米诺效应持续显现，全球经济回暖势头备受遏制（丁建臣，林凤萍，2013）。欧洲主权债务危机，简称欧债危机，是指 2008 年金融危机之后欧洲部分国家因在国际借贷领域中大量负债并超过了其自身清偿能力，造成无力还债或者必须延期还债的现象。回顾欧洲债务危机爆发进程，大致可以分为四

① 若无特别说明，本部分内容主要根据张婷（2015）的相关论述梳理。

个阶段(陈西果,2014)。

初步爆发阶段。2008年10月,冰岛因在全球过度扩张的冰岛金融业(资产规模为GDP的9倍多)陷入困境,冰岛政府接管资不抵债的三大银行,银行债务升级为主权债务,开启了欧债危机的先河。2009年4月,爱尔兰出现财政困难,也出现了债务危机的迹象。10月20日,希腊政府宣布,2009年财政赤字占GDP比例将超过12%,是欧盟允许的3%上限的3倍多,其主权债务危机开始显现。2009年11月9日,葡萄牙政府表示2009年财政赤字占GDP的比例从原来的5.9%上调到8%,高于3%的上限。包括比利时这些外界认为较稳健的国家,及欧元区内经济实力较强的西班牙,都预报未来三年预算赤字居高不下,引发市场悲观情绪,欧元大幅下跌,欧洲股市暴挫,欧债问题开始爆发。

全面爆发阶段。随着希腊主权债务危机逐步恶化,惠誉、标准普尔和穆迪三大国际评级机构相继下调其主权信用等级,随即葡萄牙、西班牙主权债务也遭受降级,标准普尔又将希腊主权信用评级降为垃圾级。爱尔兰政府2010年9月底宣布,由于救助本国五大银行最高可能耗资500亿欧元,预计当年财政赤字将骤升至国内生产总值的32%,为欧盟规定上限的10倍多。其后,葡萄牙、西班牙等欧元区国家债务问题接连显现。11月24日,由于爱尔兰债务危机危及其他欧元区债券市场,西班牙、葡萄牙、比利时主权债券的违约担保成本均涨至纪录高点。五个欧洲主要债务国市场融资成本增高、融资难度加大,国外资金抽逃现象严重,严重打击了市场对欧洲国家的信心,欧债危机全面爆发。

深度蔓延阶段。欧债危机逐渐自"问题核心国家"向外围国家蔓延。欧洲第三大国意大利出现危机,英法等国也受到国际评级机构的降低评级威胁。2011年10月9日,全球最大的城市银行德克夏银行集团因流动性困境被迫分拆,成为在欧债危机中倒下的第一家银行。因欧债危机的全面爆发,欧元区各国政府不得不采取IMF等机构提出的紧缩措施来渡过难关,但落实紧缩措施必然引起国内民众强烈反对。希腊、爱尔兰、法国等国家罢工、抗议等活动此起彼伏。2011年3月23日,葡萄牙总理苏格拉底因债务原因宣布辞职,债务危机已经转化为政治和社会危机。

平稳初愈阶段。2012年3月30日欧元区财长会议决定将欧洲金融稳定基金规模扩展至8000亿欧元,以应对意大利、爱尔兰、葡萄牙等国的救助需求。欧洲央行新行长德拉吉上任后还将欧元区国债购买规模扩大至95.2亿欧元。欧洲央行分别于2011年底和2012年2月底先后通过两轮3年期长期再融资操作,向银行业发放了1万余亿欧元资金。2012年6月,西班牙正式向欧盟和IMF申请救助,欧盟财长会议决定给予其1000亿欧元的贷款救助。进入2013

年，欧盟通过建立欧洲稳定机制（ESM）取代原有的“欧洲金融稳定基金”，成为稳定欧洲金融秩序以及预防和应对债务危机的主要机制，并辅之以强化欧洲银行业监管等经济和金融改革手段，欧债危机开始进入“平稳初愈”阶段。

（二）欧洲主权债务危机的影响分析

1. 欧债危机对欧盟经济的冲击效应

金融市场震荡，银行业受到重创。自欧债危机爆发，欧洲股市多次大跌，欧元汇率持续下降。欧元的贬值，主要是由于欧债危机使得欧元区国家信用降低，再加上欧元区实体经济衰退，投资者纷纷做空欧元。由于欧洲各国的银行不仅大量持有本国政府发行的债券，同时还交叉持有别国政府的公债。欧债危机爆发后，使得相关国家的商业银行必须面对补充资本金的问题，其余欧元区成员国的商业银行也因交叉持有国债而受到牵连。同时，欧洲银行业还面临着融资难题。一方面，存款人纷纷减少在欧元区成员国银行的存款；另一方面，信用评级的下调使得危机国银行通过股市和债市融资的难度进一步增加。最后，实体经济衰退导致欧洲银行的不良贷款率猛增，欧洲银行业的整体利润下滑。

经济持续下滑，失业率不断攀升。欧盟经济下滑与债务危机是密不可分的，具体而言，造成欧元区经济下滑的原因主要有两个：一是实施财政紧缩政策。实施财政紧缩政策的不仅限于重债国，在主权债务评级被降级的压力下，欧元区的核心国德国和法国也实施了财政紧缩计划。欧元区普遍实施的紧缩政策使得其内需严重不足，投资和消费萎缩，欧盟经济增长速度也因此而变慢，甚至出现负增长。二是欧元区企业陷入“钱紧”的困境。欧债危机爆发之时，欧洲银行业惜贷以及提高贷款利率的情况普遍发生，使得企业从银行贷款的难度加大。由于金融市场的剧烈震荡，以及外国投资者对于欧元区国家经济的看弱，股市和债市融资也变得十分困难。很多企业因为融资难而破产倒闭。与经济下滑如影随形的是失业问题。大批企业或是破产倒闭，或是大幅裁员，使得欧盟的失业率不断攀升。

2. 欧债危机对世界经济的影响

加剧世界经济的动荡局势。欧债危机的发生使本不稳定的世界经济雪上加霜。欧元区 17 国包括了德国、法国和意大利等经济强国，2005 年之后，其经济总量在世界经济总量中的比重始终高于 15%。强大的经济实力使欧元集团成为世界很多国家或地区的重要贸易伙伴。欧债危机的爆发令欧元集团经济受到巨大的创伤，严重削弱了欧元区的购买能力。对于其贸易伙伴而言，则意味着外需的减弱，从而影响这些国家的出口以及经济增长。

对新兴经济体的不利影响。由于欧盟需求的下降，以及欧美贸易保护主义政策的加强，新兴经济体的出口增速放缓，经济也受到了不同程度的冲击。由于新兴经济体的经济增速下滑，投资者普遍认为新兴经济体将在未来几年内面临较高的投资风险，因此将大量资金从新兴经济体撤回。此外，欧债危机发生后，为了稳定欧元区经济，欧洲央行开始使用量化宽松政策，此种政策容易触发流动性泛滥，从而导致通货膨胀的发生。

（三）欧债危机下欧盟各国政府的应对举措

欧债危机发生后，欧洲各国政府债务攀升、社会失业率增加、民众不满情绪积结。面对复杂的经济、政治、社会形势，欧洲各国政府开始通过各种渠道和方式解决问题。

对内大幅削减财政计划，改革国内社会保障制度。欧洲各国面对危机出台了紧缩财政的计划，包括葡萄牙、意大利、西班牙、德国等国政府在内都提出了缩减计划。葡萄牙、西班牙、希腊等国还先后对社会保障制度进行改革。从改革的具体内容来看，具有较大的相似性，其中均包含了财政紧缩、削减社保费用、改革制度等方面，在提高领取养老金年龄的同时采取了阶梯性、区别式的发放标准，优先扶助社会中的低收入人群，进一步增强了政府财政扶助弱势群体的针对性。

向外争取欧盟和国际援助。为了避免主权债务危机在国内外的持续发酵和恶化，欧盟出台了高达 7500 亿欧元的紧急援助计划，这是欧债危机救助的核心政策，也是欧洲有史以来最大规模的援救。欧洲央行通过向欧洲银行注入流动性，避免欧洲各大银行的资产负债表恶化，缓解因债务危机引起的市场流动性不足的问题。同时，欧洲央行宣布，涉足欧元区的公共和私人债务市场，购入成员国政府债券，且不设定购买规模的上限，而在《稳定与增长公约》中，欧洲央行并没有被设定为最后贷款人，这也是欧洲央行首次宣布购买政府债券。

第三节　国际型、超大型策划事件的典型案例分析

一、国际型、超大型事件影响分析

（一）国际型、超大型典型事件：奥运会、世博会

奥运会和世博会同属全球三大顶级盛会。两者对举办城市甚至举办国的影响都是十分巨大的，旅游影响是其中的重要组成部分（焦永明，2010）。按照事

件旅游的分类，奥运会、世博会都是国际型、超大型事件。其中，奥运会属于体育型事件活动，世博会属于展览 / 博览型事件活动。通过举办奥运会、世博会可以引发各种各样的旅游活动。

奥运会和世博会的影响作用机制在某种程度上具有一定的相似性。两类事件均要求短期内将资金、人才、物流、技术流聚集，将第二产业和第三产业的产业资源聚集（李楠，2010）。同时，奥运经济效应和世博经济效应也在不断地向外转移，在特定条件下使原有生产要素重新组合，释放出新的力量。进而从时间、空间、产业等多方面对举办地及其周边地区形成辐射效应。

举办地城市在奥运会、世博会的推动下，旅游业会获得巨大发展。主办城市国际形象会得到明显提升，旅游支撑系统会得到积极改善和优化，旅游产业整体水平得到提升。同时，作为国际型、超大型事件的奥运会、世博会也会给举办地带来负面影响。大量游客集中涌入，压缩城市居民的生活空间，导致交通拥挤和物价上涨，挤出其他偏好的旅游需求，深刻影响城市旅游发展效益和可持续性。

（二）国际型、超大型典型事件的积极影响

典型事件影响举办城市的旅游供给。旅游供给是指在一定时期和一定价格水平下，旅游经营者愿意并且能够向旅游市场提供的旅游产品数量（邢维颖，2008）。通常旅游资源、旅游设施和旅游服务被称为旅游供给的“三大支柱”。此处，奥运会和世博会对旅游供给的影响，主要体现在旅游产品、旅游设施、旅游服务和旅游形象四个方面：一是开发针对奥运或世博市场的旅游产品，将奥运遗产或世博遗产与主办地旅游资源结合起来，增强城市旅游吸引力。二是推动大规模的城市改造和各类基础设施建设，为承办地未来旅游业发展打下坚实基础。三是进一步与国际接轨，提高旅游企业的人才素质、管理水平和旅游服务质量。四是针对目的地区域或吸引主题来塑造形象，扭转原来的负面形象。

典型事件还影响举办城市的旅游需求。旅游需求的概念和界定有很多种，这里采用马蒂森和沃尔（Mathieson，Wall，1982）的定义，“离开自己工作和居住的地方外出旅游或具有旅游的愿望，并使用旅游设施的人数总和”。换言之，就是从旅游者的角度来理解。邢维颖（2008）将奥运会和世博会对旅游需求的影响概括为两个方面。一是游客数量增多。奥运会和世博会在接待入境旅游者数量及创汇方面均呈现出明显的上升趋势。作为全球顶级盛会，两者带给举办国的旅游者增长率远远大于活动本身。二是游客类别构成多样化。在承办地旅游市场构成上，主要由两大人群构成：一类是关心主办国及其文化的一般性游客，而非事件直接相关的人；另一类是对奥运会和世博会有极大兴趣的专业爱好者。

（三）举办城市旅游业受到的消极影响

举办地旅游市场可能出现挤出效应。"挤出效应"是指由于奥运会和世博会所产生的消极影响，使得一些原本打算到访举办国或举办城市的旅游者为了躲避奥运会和世博会而放弃了这种计划或改到其他地方旅游。"挤出效应"包括"转换效应"和"反感效应"。"转换效应"是指由于盛会的举办可能会干扰正常的旅游活动和当地的价格水平，促使原来可能发生的旅游包括度假旅游和商务旅游转移到国内或国外的其他地方。"反感效应"即为了免受两者以及两者带来的大量入境旅游者的干扰，主办地居民在活动期间离开其居住地而外出旅游。从经济学的观点来看，"挤出效应"产生的原因在于事件旅游所产生的不经济性。从一定程度上讲，游客人数剧增对举办地交通造成的拥挤和物价的上涨，游客所带来的外来文化对当地文化产生的侵扰，游客的破坏行为造成的环境污染等，所有这些不经济性都可能对举办地的整个旅游业产生一定程度的"挤出效应"。

此外，在后奥运（或后世博）时期，可能会出现低谷效应。一是活动期间游客大量涌入造成的"蜂聚现象"其实是一种非常态的旅游需求膨胀，由于活动的影响，导致物价超常规上涨，旅游成本增加从而使游客选择替代品，旅游需求出现"缩水"。二是众多旅游企业为抢占奥运（或世博）商机，竞相开展旅游促销，酒店数量猛增，这些为迎奥运（或世博）进行的旅游供给膨胀也很难在短期内"瘦身"，造成供给过剩，资源闲置，导致旅游收益低位徘徊。

二、2008 北京奥运会及主要影响

（一）2008 北京奥运会激发经济增长动能

奥运会刺激了社会投资需求。从北京奥运会的筹办到召开，7 年中奥运相关的资金投入约为 3000 亿人民币，约合 430 亿美元。北京奥运会的投资需求可以分为三部分：奥运会运行投入、奥运场馆建设、城市基础设施建设。其中奥运会运行投入包括开幕式、闭幕式、租用比赛场馆和配套服务设施，以及比赛期间的各种服务。奥运会的城市基础设施建设包括生态环境建设、城市交通建设、信息通信建设。2008 年奥运会之前，地铁 10 号线 1 期、奥运支线、机场线建成通车，北京的地铁建成线长达到 198 公里。李楠（2010）分析《北京统计年鉴》的北京固定资产投资的数据，发现 2001 年之后增长率一直在 10% 至 20% 之间波动，明显要比前几年的增长要稳定并且速度要快，这种态势直到 2008 年下降成为负

的10%。印证了申奥成功后,北京地区的社会固定资产的增长趋势。

奥运会刺激了社会的就业需求。奥运会带来的就业增长主要是短期就业增长,同时也有长期就业增长。奥运会直接带来大量的旅游者,吸引大量的旅游者的同时也给举办地的餐饮业带来大量的客源,餐饮业也会受到奥运会的积极影响。再者,奥运会的举办对北京房地产投资会产生直接和间接影响,而这些都会促进房地产需求的增长。上述行业向好刺激投资需求,需求增加引起就业的上升。

(二)2008北京奥运会提升旅游发展品质

奥运会推动了旅游基础设施的提升。自2001年申奥成功以来,国际知名酒店管理集团的顶级品牌相继进入北京市场,加快了北京酒店业集团的发展。2007年底,北京提前实现了申奥时的承诺——星级饭店达到了806家,在全国各城市中居于首位。北京为奥运会新建奥运村以及8个体育场馆。作为国际奥委会与北京签约中的一项重要内容,北京确定了26个奥运文化广场,为历届奥运会之冠。

奥运会推动了文化和旅游资源的融合、创新与发展。为了配合北京市的奥运旅游规划,北京拓展和延伸了自身独有的旅游资源。不仅优化了胡同游,还开发两园一河(颐和园、圆明园和昆玉河),建设一区一园一带(中央游憩商业区、奥林匹克主题公园、环北京旅游度假带),开放名人故居和博物馆,部分开放中南海。在“2008东方狂欢节”理念下,开发了反映中国艺术的“798艺术区”、麦子店国际化社区以及体现现代民俗的朝阳区高碑店村等。

奥运会推动了旅游商品的艺术创造和品质提升。人文奥运旅游纪念品是在奥运会举办前、举办时和举办后都要一直发展下去的具有规范化生产和经营的一种特殊旅游商品。奥运会的举办激发了行业对旅游商品的关注,旅游行业积极采取行动,在奥运旅游纪念品方面,除了开发具有京城历史文化特色的瓷器、京剧脸谱制品、中成药等商品外,还结合奥运主题特色推出一系列的奥运吉祥物和体育商品,如2007年6月,推出了奥运会史上迄今为止最全的历届夏季奥运会吉祥物和会徽纪念章亚欧版。

奥运会推动了旅游服务的改进与提升。为迎接奥运会,北京市规范和整改了北京市各主要街道、公园、旅游景点、车站、机场等处的英文标牌说明,在奥运场馆周边区域,还设置多语种的服务指引标志。国务院国资委部署“金牌服务迎奥运”活动。北京开展星级饭店“节能之星”和“绿色饭店”的评选工作,推动饭店业节能减排工作。各旅游企业开展了一系列针对一线员工的技能强化和外语培训,推广外语合格持证上岗制度。同时,北京市旅游主管部门对饭店业的服务质量实行严格监管,指定监督员开展区域检查,设立饭店服务质量曝光台,不定期地通过媒体及市旅游局官方网站向社会进行通报,并对不合格的饭店予以降级或撤消星级等处罚。

(三)冲击效应与挤出效应损害奥运旅游需求

2008年,受国内外形势影响,尤其是国际金融危机的影响,以及北京奥运安全保障要求下中国收紧签证政策的影响,入境游客的数量出现了小幅下降。

受国际金融危机的影响,世界各国的经济普遍出现不景气,国外"提前消费"的理念也导致人们面临经济危机时缺少充足的可自由支配的货币。同期,国际和国内多种因素促使人民币升值,导致以外币支付的旅游产品价格相对上升,从而抑制了入境旅游需求,导致旅游外汇收入减少。拉萨"3·14"暴力事件发生后,国外一些媒体进行了歪曲和夸张报道,使得目标游客群的出游决策造成了很大的负面影响。其后,"5·12"汶川地震不仅使国内陷入巨大的悲痛,相关地区入境旅游也受到重创。

政府收紧了相关政策。一方面,为确保北京奥运会的安全系数,中国政府对入境游客的签证要求较以往增多了往返机票和在华期间酒店确认函等证明性文件,并且审核材料和发放签证的时间拉长。这对于一直享受中国便利签证条件的外国游客来说,在很大程度上降低了其赴华旅游的热情,并且在实际操作上造成了不便,影响了其出游意愿。另一方面,北京市政府下发的文件《关于2008年北京奥运会期间及前后在本市举办全国性国际型会议和活动管理办法的通知》通知中关于奥运会期间的国际型会议进行了严格规定,从严控制举办与奥运会无关的全国性、国际型会议和活动。通知的出台使很多国际型的会议不得不推迟或延期,不符合条件的甚至被迫取消,影响了入境商务旅游的游客数量。

奥运会期间旅游消费价格大幅上涨,回调时间相对滞后。由于在2007年12月确定119家奥运会签约酒店名单,并公布了官方接待饭店签约标准价格,标准间平均价格为五星级饭店2799元/间/夜,四星级饭店2155元/间/夜,三星级饭店1466元/间/夜,星级饭店980元/间/夜。进入2008年以后,三星级及三星级以下酒店预定价格比平时上涨了四五倍,甚至有的是平时的十倍,过高的客房价格导致酒店的预定率远远低于预期。直至7月,三星级及三星级以下的酒店开始将价格回调到平时的价格,或稍高于平时的价格,酒店入住率才得以回升。但是这时已经错过了游客的最佳预定时间。

三、2010 上海世博会及主要影响

(一)2010 上海世博会的旅游影响分析[①]

世博会促进了旅游资源的开发。上海世博会代表性建筑成为永久性旅游资源，上海世博核心区的标志性建筑群全部永久保留，包括世博主题园、世博主题广场、中国馆、文化博览中心等设施，共同组成一片代表上海新时代风貌的人文旅游资源。从上海旅游景点情况来看，2009 年上海 A 级旅游景点数为 50 家，约为 2005 年 18 家的三倍，是 2007 年 20 家的 2.5 倍，其中 4A 级景点数为 25 家，多出 2005 年 4A 级景点 8 家。上海的旅游景点数量随着 2010 年的到来有了明显的提高。

世博会促进了区域旅游资源的整合。世博会增强了举办地区的国际影响力，提升知名度。据原国家旅游局初步统计，自 2003 年世博申办成功以来，我国在全球共组织开展了约 10000 场世博宣传推广活动（曾军，李敏，2011）。随着人们对世博会的认知不断提升，世博旅游效应逐渐显露出来，原国家旅游局将 2010 年确定为“2010 中国世博旅游年”。2010 年上海搭建世博旅游平台，协助全国 25 个省区市在沪开展旅游推介活动，向世博游客推介各地旅游景区景点；会同苏浙皖等开展“世博之旅”专项旅游线路产品设计活动，精选了 55 个产品作为“世博之旅”线路，联合打造了 96 个世博主题体验之旅示范点，推动世博旅游效应向全市辐射、向长三角区域辐射、向全国辐射（张红光，2011）。

上海世博会提振了入境旅游市场。世博会举办期间上海接待入境者旅游人数、过夜入境者旅游人数、旅游客房平均出租率和平均房价相对前几年的同时期，都有了大幅度的提高（李楠，2010）。世博会于 2010 年 5 月 1 日正式开幕。截止到 10 月 2 日，世博会吸引了世界各地接近 5800 万的游客进入世博园参观。上海市 2010 年 5 月至 8 月接待入境游客人数 2968121 人次，平均每月接待 742030 人次，远远高于 2004 年至 2009 年各年同时期数字，其中接待过夜入境游客人数的总数和平均数也都高于其他年份。2010 年 5 月至 8 月旅游客房平均出租率均超过了 76%，比过去 6 年同时期出租率的平均值要高，平均房价则比往年同时期平均房价的均值要高出 65 元。

(二)2010 上海世博会的经济拉动影响

世博会拉动了社会投资。上海世博会总投资达 450 亿美元，其中场馆园区

① 若无特别说明，本部分内容主要根据李楠（2010）的相关论述梳理。

建设的直接投资额达 300 亿元（曾军，李敏，2011）。资金大部分都投入了公共设施和基础设施，比如江底隧道、内环线、中环线浦东段的连接，机场北通道、东西通道、轻轨交通等，还有一部分资金用于居民、工厂的搬迁。不止于此，上海也对商业服务、城市环境等相配套的领域进行了相应的投资改造（张红光，2011）。

世博会扩大了社会就业。世博会对就业的影响从纵向时间的角度来说既包括世博筹备期间对就业的影响，也包括在世博会举办期间需要聚集大量的工作人员，甚至包括在世博结束后场馆以及设施的维护人员。从横向来说包括对某一产业的影响，比如对第三产业就业影响，还包括对某类人才或者某项领域内就业的影响，并且世博会对就业的影响不仅仅局限于上海市内，它牵动了整个长三角地区乃至全国的就业。以世博筹备期间为例，截止到 2009 年上半年，上海市的基础设施、结构调整、改善民生、节能减排、筹办世博等五大领域的重大项目增加了 14.6 万个就业岗位，仅世博会中国馆建筑施工项目 2009 年就新增了 1700 多个就业岗位。

世博会刺激了社会消费。世博会的直接财政收入主要包括门票收入和世博园区零售收入。世博会门票收入估计为 105 亿元[①]。另外，世博会期间，园区商业累计实现零售额约为 45.07 亿元[②]。世博会门票及园区收入大致为 150 亿，仅是世博会财政收入的极小部分。以 2010 年 10 月份为例，据上海市统计局统计数据显示，全市商品销售总额 3350.18 亿元，比去年同月增长 29.2%。

---

① 数据来自下述资源：光明网．世博直接旅游收入 800 亿各地观博团 200 万人次 [EB/OL].（2010-10-28）[2017-09-26].http://topics.gmw.cn/2010-10/28/content_1342288.htm

② 数据来自下述资源：中国新闻网．上海世博园区实现零售额逾 45 亿元 [EB/OL].（2010-12-14）[2017-09-26].http://www.chinanews.com/gn/2010/12-14/2721023.shtml

第五章　典型事件冲击下省级政府的对策研究

中国方案的创造性观点扎根于中国实践的成功模式。面对错综复杂的国际环境和国内经济的下行压力，如何携手各国共进，把全球共享的机制做实、把全球合作的方式做活、把中国建设成为更高水平开放型经济新体制？具体到旅游服务贸易领域，受开放经济环境、不确定性因素等影响，中国通过主动开放促进发展升级，如何从实践层面观察？本章将深入梳理剖析东部典型地区开放经济冲击下地区政府干预模式。此处，政府干预模式分析以冲击应对举措及转型路径为重点。作为中国方案的典型样本，东部省市不仅是我国重要的旅游服务贸易区域，更是探索服务贸易提质增效的典型样本。中国东部典型省市的旅游服务贸易实践，将为上述问题的研究提供丰富素材。①

第一节　典型国际赛事会展承办地的冲击对策研究

一、持续冲击下北京奥运会承办地的应对策略与举措

（一）全面挖掘奥运会效应，打造北京旅游新形象

1. 以积极友好的市场互动迎接奥运会的到来

“走进美国”开展北京奥运会主题推介工作。2007 年 2 月，原国家旅游局在亚特兰大召开北京奥运旅游推介会，现场聚集了来自亚特兰大市及佐治亚州的 200 多名商业和旅游业的代表。2007 年 9 月，北京奥组委在奥兰多和洛杉矶举办专题促销说明会，全美约有 1800 余名旅游代理商等参加了活动。推介内容覆盖奥运场馆、门票销售、交通设施以及住宿接待和房价等。

组织开展中国式的入境游客“迎进来”活动。2007 年元旦，依托首都博物馆新落成的迎宾大厅，为 200 多位来自不同国家的游客提供欢迎仪式。2007 年 11 月，为当年入境北京的第 400 万名旅游者，颁发“北京 2007 年第 400 万名入境旅

① 本部分参考了《中国旅游年鉴》（2007 年至 2011 年）相关章节内容。

游者”纪念证书，并赠送天坛造型纪念品。

2. 奥运期间着力抓好质量建设和文化交流

对标奥运会标准，推进旅游服务设施、从业者与公共服务补短板。实施旅游环境质量提升专项行动。全市星级饭店和旅游景区按照国家标准和奥运会的要求实施大规模的改造、修整和维护，增加设施设备和服务功能，促进旅游环境质量提升。开展旅游行业人员专项培训。其间，对全市旅游系统20万员工开展了全员培训工作，对全市社会旅馆5000多名经营管理人员进行了培训，对26000多名导游员进行了培训，提升旅游行业从业者素质。旅游公共服务方面，开通12301北京旅游服务电话咨询服务，并实施“平安奥运”专项行动。

实施“文化＋奥运”，推动国际游客从奥运观赛向中华文化体验延伸。奥运会和残奥会举办期间，首都博物馆推出《中国记忆——5000年文明瑰宝展》；军事博物馆推出了“孙子兵法展”；故宫博物院推出了“院藏精品书画展”“院藏精品瓷器展”“院藏文物精品展”等十大文物展。游览旅游景点、购物以及观看文艺演出成为海外游客观赛之余的重要活动，前门大街、南锣鼓巷胡同、东四六条胡同、什刹海畔的烟袋斜街以及全聚德烤鸭店成为热门游览地，秀水街的周销售额超过亿元，为以往四倍以上。

3. 后奥运时期着力探索奥运遗产活化的可行路径

挖掘奥运遗产作为基础设施的综合效能。一方面，推动奥运遗产向公众开放。2008年底，以奥林匹克公园为代表的奥运遗产正式向公众开放。奥林匹克公园中心区、奥林匹克森林公园南区，还包括国家体育场、国家游泳中心、国家体育馆以及国奥村国际区等均在开放之列。另一方面，拓展奥运遗产服务设施与功能。2009年，重点完善奥林匹克公园、奥运场馆和相关支持设施。推动奥运场馆相继承担起国际、国内文化和演出活动、体育赛事活动的载体功能。引导旅行社企业、旅游创意机构、国外驻华旅游机构向奥运遗产密集区域聚集。商务、文化、旅游和休闲功能成为奥运遗产价值的新内容。

发挥奥运志愿者公共服务网络的保障机制。2008年，北京地区百万奥运志愿者为十一黄金周提供奥运标准的志愿服务。服务范围覆盖奥林匹克森林公园等6处向公众开放的奥运遗产，2000多个社区以及重要交通枢纽、商业网点、旅游景点等周边的500个“蓝立方”服务站点。服务内容包括，奥运遗产地点的参观引导、场馆介绍和秩序维护，社区范围内的治安巡逻、交通秩序维护，在服务站点、区内公园及邮政等重点服务领域提供信息咨询、语言翻译、应急和特色服务。

持续开发奥运品牌效应。一方面，借助奥运品牌效应以“回眸奥运、品味东城”为主题，整合东城区商务会展、文博修学、文化演出和休闲娱乐等旅游资源，在2008年“十一”黄金周推出“京韵风情之夜”和“多彩金秋东城演出季”，推进东城区层面的后奥运旅游发展。另一方面，于当年11月赴日本东京、大阪、福冈举办“走进北京·回味奥运”主题旅游促销活动，推出面向日本旅行社来京旅游团客业务的支持和帮助措施。

(二)推动“引进来”与“走出去”转型升级

培育国际会展功能，推动“引进来”战略升级。一是举办国际型会展活动。2010年5月，国家旅游局和北京市政府主办第十届世界旅游旅行大会。世界旅游旅行大会(World Travel and Tourism Council，简称WTTC)享有世界旅游“奥林匹克”之称。大会围绕主题“旅游，世界第一大产业，迈向新领域”，就当前国际旅游业界普遍关注的议题展开讨论。参会人员由WTTC会员、相关国家政要、各国知名旅游企业领导、旅游学术界知名人士以及多家世界著名媒体组成。2010年8月，召开2010中国(北京)国际商务及会奖旅游展览会(China Incentive, Business Travel & Meetings Expo，简称CIBTM)。CIBTM2010是国内唯一获得国家级政府官方支持的国际型会奖行业展览会。特邀买家来自美国、欧洲、中东和亚太地区，数量比上届增长30%。二是强化会展专项培训。2010年2月23日，第二届国际奖励旅游管理者协会(The Society of Incentive & Travel Executives，简称SITE)中国分会暨国际会奖旅游培训会在北京举办。SITE中国分会会员及来自国家旅游局、中国旅游协会、北京市外办、北京贸促会、中国科协、四星级五星级酒店、国旅总社、中青旅、中旅总社、康辉旅行社、公关公司、专业媒体的有关人员参加了会议。

以融合深化交流，从“走出去”向“走进去”转变。一是深化“文化+旅游”交流，强化以文促旅。2007年3月，原北京市旅游局等组织赴美开展奥运旅游促销系列活动，于中国元宵节的前一天，在美国加州洛杉矶的好莱坞星光大道上举办“元宵社火”主题表演。同年，应邀赴友好城市科隆市开展北京旅游文化节和科隆狂欢节参会活动，庆祝北京科隆结为友好城市20周年以及科隆狂欢节125周年。2009年主要的远程客源国市场，北京与当地加强合作，借助地方知名文化体育活动推介北京旅游形象。2010年，于德国柏林举办“魅力北京之空中看北京”摄影展，展示了2001年至2009年间空中高清俯拍的北京古代传统建筑和城市新地标。二是开展形式多样的旅游促销活动。2010年5月，北京市旅游局在美国纽约的詹姆斯·比尔德基金会总部举办北京旅游说明会，介绍北京旅游资源、中国美食和文化。詹姆斯·比尔德基金会是美国全国性美食专业组织，其颁奖典礼是美食界的“奥斯卡大奖”。2010年11月，北京旅游局赴英参加伦敦世界旅游交易会，宣传北京丰富的旅游资源和旅游产品。世界旅游交易会是世界上规模最大、参展人数最多、专业性最强的国际旅游交易会之一。

（三）统筹市场开发与政策保障，强化目的地竞争力

持续强化北京旅游品牌建设。一是丰富北京旅游品牌内涵。一方面，培育北京旅游新品牌。2010年推进“北京国民旅游休闲行动计划”，以“都市休闲游”和“乡村生态游”为重点，继续打造“北京请您来过年”“北京请您来旅游”系列旅游产品品牌。另一方面，以区域合作拓展北京旅游新边界。2010年第三届“9+10”区域旅游合作会议上，北京联合国内13个热点旅游城市共同签署了《世界旅游城市联合会筹备国内旅游城市合作意向书》。二是强化北京旅游品牌的口碑营销。2010年4月，北京获评最受日本游客欢迎的十大中国城市。评选活动由人民网日本株式会社主办，历时两个月共计收到10万余张选票，最终评出得票最高的前10个中国旅游城市及前10个旅游景区。2010年9月，举办“畅游北京玩转北京：老外推荐十大旅游攻略评选活动颁奖会”。经过一个月的网友投票和旅游界专家的评审，评出13条人气线路。

以专项财政补贴冲抵危机效应。国际金融危机与甲型流感疫情叠加效应下，北京市加强对市场主体的奖励措施。2009年，北京旅游主管部门提供1000万元奖励金，奖励相关旅游企业参加海外促销、展览、开发旅游新产品项目、出境申办大型重要国际型会议及邀请海外旅游批发商、媒体团来北京考察等活动。2010年北京市旅游局设立海外市场促销奖励政策。相对于2009年奖励内容，该政策不仅鼓励企业参加海外促销活动，更鼓励企业组织重点群体来京交流。包括企业组织国际青少年到京教育旅行奖励100万元，邀请海外旅游批发商和媒体团来京奖励70万元，参加海外促销和展览奖励80万元，申办大型会议奖励80万元等。除资金奖励外，企业在自主参加国际展览、海外促销及接待客户考察、重要会议时，还可申请北京旅游宣传品。

完善旅游公共服务设施建设。一是实现游客集中地区域的旅游咨询服务设施覆盖。2010年，新建、验收咨询站数量110个，无人值守咨询点562个。二是A级旅游景区的游客无障碍设施、旅游安全设施和旅游标识建设的持续推进。2010年，A级景区全部建设了残疾人坡道，在10多个重点A级景区边缘地带安装安全防护网65处，设立安全警戒、提示牌842块。

二、持续冲击下上海世博会的应对策略与举措

(一)筹办世博会,提升旅游目的地竞争力和客源地互动深度

1. 建立 2010 上海世博会合作机制

组织保障方面,建立 2010 年上海世界博览会旅游推广工作领导小组工作会议制度。推广渠道方面,通过工作站授牌和聘请大使等举措整合相关资源。“中国 2010 年上海世界博览会旅游推广海外工作站”“中国 2010 年上海世界博览会旅游推广长三角工作站”“中国 2010 年上海世界博览会东方航空旅游海外推广工作站”相继挂牌。18 个国家旅游局海外办事处、25 个长三角城市旅游局、19 个上海区县旅游局和东航 16 个海外办事处组建形成 2010 年上海世界博览会旅游工作站网络。自 2007 年起,“上海会议大使”招募范围向海外延伸,增强与海外国际交流活动重要影响力的精英人士的联系,上海会奖旅游合作网络得到进一步拓展。

2. 抓紧出台标准文件,规范行业发展

上海自 2007 年起,先后出台《旅游景区(点)道路交通指引标志设置规范》《旅馆服务质量要求》《工业旅游景点服务要求》等地方标准,以此为抓手规范和提升重点领域旅游接待服务质量。加强规划供给,促进旅游事业转型升级。区县旅游产业规划方面,《北外滩航运服务集聚区旅游业发展规划》《嘉定区旅游发展总体规划(2008 ~ 2020)》《南汇区旅游发展总体规划(2008 ~ 2020)》《卢湾区商旅文结合三年行动计划(2008 ~ 2010)》等相继出台。专项规划方面, 2008 年发布了《上海旅游行业迎世博 600 天行动计划》,确立了上海旅游业为承接 2010 年世博会所设立的目标、任务以及措施。海外旅游公共服务供给取得突破。2008 年,汉堡 - 上海欧洲旅游中心在德国汉堡落成,启动仪式为欧洲媒体所关注。德国汉堡 - 上海旅游中心的成立,填补了欧洲地区上海文化与城市形象宣传机构的空白。

3. 强力推进上海世博会的国际宣传

“走出去”方面,以上海市旅游企业、旅游主管部门为主体,赴海外开展上海国际旅游宣传和促销。2007 年参加海外旅游展览及自主促销近 20 次; 2008 年组织参加境外宣传促销 31 批次,涉及 17 个国家和地区; 2009 年参加国际型旅游博览会 21 次,组织专项促销 17 次,覆盖 22 个国家和地区。联合国内外有关地区和机构,开展区域旅游整体品牌的推广与促销。2009 年,联合大阪和釜山参加新加坡国际旅游展览会(Internationale Tourismus Boerse,简称 ITB Asia),联

合国内各省市组织海外世博旅游专场推介会 23 场、宣传促销活动 38 批次。“引进来”方面，推动海外媒体和旅行商来沪考察，以及接待推介世博会的旅游业内人士。2009 年，接待交流活动达 46 批次，覆盖了五大洲，共计 30 多个国家。借力国际传媒力量，培育 2010 上海国际世博会与上海城市形象的正面国际舆论。借助福布斯杂志亚洲版等世界著名媒体和国际旅游业内主流媒体专题报道，营造积极的上海城市形象。

（二）世博旅游举办期间，突出安全工作与质量建设

1. 完善世博旅游的基础设施或公共服务供给

一是提升旅游信息咨询服务体系国际化水平。上海市政府于世博会召开前夕，共新建 10 个旅游咨询服务中心、15 个旅游咨询服务亭，改建 20 个原有的旅游咨询服务中心。世博会期间，全市旅游咨询服务中心共为入境游客约 37.3 万人次提供了旅游咨询服务，发放英文旅游宣传资料 69.5 万册，其他语种资料 15.2 万册。2010 年，在全市星级饭店和经济型连锁旅馆新增 100 台旅游多媒体触摸屏，全市所有投入使用的多媒体触摸屏系统完成英、日文版面改版。2010 年，上海市进一步规范图形标志和英文翻译，豫园等主要商业区的中、英文使用和公共标志的规范率达到 90% 以上。世博会开幕前，向全市各区县 800 多家旅行社和网点完成系统接入和用户培训。入境游信息动态监管系统可以实时了解外来入境团队在上海旅游动态信息。二是完善世博旅游重点环节的便民设施建设。为迎接世博会，上海从 2007 年开始实施了一批以交通基础设施为重点的世博配套工程项目，这些工程在 2010 年上海世博会召开前全面完成。上海建成拥有 11 条线路、总长 420 公里的轨道交通网络，城市综合交通能力得以提升。2010 年全市增设银行刷卡设施，各主要购物场所实现刷卡设施“全覆盖”；其中，世博园内安装了 3800 余台销售终端机（point of sale，简称 POS），为园内游客购物消费提供了便利。

2. 多层面推进世博旅游质量的提升

一是实施系列导游服务质量提升措施。组建“上海世博旅游金牌导游员队伍”。颁布《关于进一步加强世博会期间旅行社和导游人员管理的通知》和《关于世博会期间加强本市旅行社、导游人员管理工作的实施意见》，严厉查处旅行社或导游人员欺骗、胁迫旅游者的行为。二是以“行政指导 + 行业评比”促进世博旅游服务质量提升。出台《关于加强世博会期间旅馆业价格自律的通知》，召开经济型旅馆工作会议，对出现涨幅过大的旅游经营单位进行窗口指导。在世博旅游指定接待旅行社及相关旅行社中开展“文明观博旅游团队”创建活动。

经专业测评队伍及市民巡访团三个阶段的考核，评选出3批“文明观博旅游团队”和“文明示范导游员”。自2009年“评选百个示范服务网点”活动开展以来，评选出“上海市旅行社示范服务网点”101家，2010年挂牌成为服务世博游客主要“窗口”。各旅游企业积极开展“世博，让我做得更好”活动。全市旅馆、旅行社、旅游景点等单位开展“服务创佳绩、明星耀世博”系列岗位练兵活动。三是引导社区参与世博旅游文明环境建设。利用网络、社区宣传、大型旅游咨询活动和“东方讲坛·上海旅游讲坛”等多种形式，向上海市民进行世博知识普及，倡导文明观博和热情待客的新风尚。聘任第五批“上海会议大使”，受聘的“上海会议大使”达到五批61名。

3. 建立建全世博旅游安全保障机制

一是建全世博旅游安全保障网络。2010年，上海旅游行业以保障世博旅游安全为重点，全方位加强旅游安全工作。包括组织多层面的世博旅游安全培训和突发事件应急演练，下发《公民安全防范手册》，签订“安全责任书”，组建旅游行业平安志愿者队伍，制定安全防范工作方案和突发事件处置预案，加大全市治安消防、食品卫生安全检查和排查等。区域联动方面，根据《关于上海世博会旅游安全管理规定》，联合华东六省一市组建“上海世博会旅游安保工作协调领导小组”。二是迅速回应突发事件并及时出台防范举措。组织全市大型游乐设施专项检查，出台《上海市大型游乐设施运营安全管理办法》。上海市静安区“11·15”特大火灾发生后，召开全行业安全生产工作紧急会议并颁发《关于在本市旅游行业排查旅游安全隐患的紧急通知》。11月上海市旅游交通事故发生后，出台《关于进一步加强本市旅游客运包车安全管理工作的通知》并召开全市旅游客运包车安全管理工作会议。

4. 以大型国际会展和节庆活动吸收后世博旅游红利

开展“2010中国世博旅游年”活动。举办2010上海世界旅游资源博览会，参展旅游商覆盖50多个国家和地区。举办2010中国国际旅游交易会，这是世博会闭幕后在沪举办的第一个大型国际旅游会展活动，参会方覆盖94个国家、地区和组织。举办第十二届中国上海国际艺术节，包括舞台演出、展览博览和演出交易会等6大板块。举办第十一届上海国际音乐烟花节，由美加中法四项专场演出组成。

第二节　典型外向型经济地区的冲击对策研究

一、持续冲击下浙江发展旅游的应对策略与举措

(一)出台系列政策规划规范文件,促进旅游发展质量提升

1. 建立建全旅游发展政策规划体系

一是推动重大产业政策的出台。相继出台《关于推进旅游业转型升级加快建设旅游经济强省的若干意见》(浙委〔2009〕49号)和《关于进一步加快旅游业发展的实施意见》(浙政发〔2010〕56号),明确了浙江省旅游业发展目标,即国民经济战略性支柱产业和人民群众更加满意的现代服务业。二是构建旅游规划体系。省级规划方面,修改并实施《浙江省旅游发展规划》《浙江省海洋旅游发展规划》《浙江省乡村旅游发展规划》《浙江省"三带十区"旅游建设规划》《浙江省旅游露营地发展规划》《浙江省运河旅游规划》《浙江省水上旅游发展规划》等规划。制定并实施《浙江省旅游规划管理暂行办法》,促进全省旅游规划管理逐步规范。完成全省旅游业"十二五"发展规划编制。同期,启动《浙江省休闲旅游发展规划》《运河旅游开发与保护规划》《浙江省文化旅游发展规划》等编制工作。区域规划方面,联合上海、江苏,修改完成《长三角区域旅游发展规划战略研究》。国家规划方面,参与国家旅游局组织的大区域旅游发展规划编制工作,包括《京杭大运河旅游发展规划》和《长三角区域红色旅游发展规划》等。

2. 推进旅游发展的现代化和规范化

一是规范旅游行业发展,参与区域性和国家级标准制定。地方标准方面出台《浙江省生态旅游区建设与服务规范》《旅游咨询服务中心等级划分与评定》等。区域合作方面,联合上海市与江苏省出台长三角地区首个区域标准《主要旅游景区(点)道路交通指引图形标志设置标准》。国家标准方面,制定了《旅游购物场所服务质量规范》《旅游饭店管理信息系统建设规范》《旅游餐馆设施与服务等级的划分与评定》。二是以创建试点工作为抓手,创新行业标准的推广方式。2007年,根据《生态旅游区建设与服务规范》要求,浙江省组织了生态旅游区的创建试点工作,建成嘉兴南湖风景区等首批浙江省生态旅游示范区。三是推进旅游电子商务发展。以互联网平台建设为抓手,推进旅游信息技术开发与应用。浙江旅游信息平台以服务市场主体为主要导向。浙江拥有浙江旅游政务网和"浙江之旅"商务网两大平台。前者为行业管理系统功能集成,是实现旅游

办公自动化、旅游项目申报审批、旅游信息发布等功能的技术平台。后者是电子商务交易功能的集成,不仅为游客提供线上订房、订票等服务,还为旅游企业提供了网交会这种新商贸形式。以2007中国浙江网上旅游交易会为例,参会旅游企业超过2000家,发布信息10余万条,点击量高达500多万人次。

(二)以"融合+自建"打造浙江旅游品牌体系

1. 融入国家旅游品牌体系,打造浙江旅游核心竞争力

参与"中国优秀旅游城市建设""中国旅游强县建设""工农业旅游示范点建设""世界自然遗产"评审申报,以国家级与世界级旅游品牌建设,构筑浙江入境旅游核心竞争力。2007年,浙江省内"中国优秀旅游城市"新增3个城市,总数增至26个;浙江省淳安县入选首批"中国旅游强县";省内"全国工业旅游示范点"和"全国农业旅游示范点"各增加3家,总数均达到26家。2010年,"中国丹霞"列入《世界遗产名录》,浙江江郎山作为"中国丹霞"组成部分,成为浙江省首个世界自然遗产地。2008年启动"2008中国奥运旅游年浙江",推出奥运精品旅游线路20条,以奥运火炬浙江接力线路为基础的奥运火炬旅游线路两条。

2. 创建浙江旅游自有品牌,培育浙江旅游资源综合竞争力

启动浙江旅游"十百千"工程,即"十一五"时期完成创建旅游经济强县10个以上、旅游强镇10个以内和特色旅游村100个以内。配合上述工作,出台了《关于浙江省旅游"十百千"工程创建实施意见》《浙江省"十百千"工程实施办法》和《浙江省旅游经济强县检查标准》《浙江省旅游强镇检查标准》《浙江省特色旅游村检查标准》等指导文件。2009年开展中国生态旅游年活动,认定首批浙江省生态旅游示范区两个,首批浙江省生态旅游区7个。2010年举办第二届中国湖州国际生态(乡村)旅游节暨第六届浙江山水旅游节,进一步提升"生态旅游"和"乡村旅游"品牌知名度。文化旅游品牌方面,2009年组织第七届中国徐霞客开游节,囊括中华游圣开游大典暨宁海民间文艺大巡游、中国著名作家"走宁海、写宁海"和2009宁海国际投资洽谈会等多项活动。

(三)以深度商贸交往活动,提升浙江境外旅游营销影响力

浙江入境旅游推广活动倾向于走出去,促进政府层面及代表性企业合作,重点加强当地民众参与性体验。2007年,结合中印旅游友好年的年度主题,联合上海、江苏旅游部门赴印度、尼泊尔开展旅华促销,即"中印旅游友好年——江浙沪之夜"活动。《印度时报》《孟买新闻网》等当地媒体对活动进行深度报道。同年,赴澳大利亚悉尼举办浙江旅游推介会。会上就澳洲旅游业界与传媒人士赴

浙考察，澳洲旅游业者销售浙江旅游产品的支持措施等进行交流。2008 年，赴英国伦敦、利兹举办英国·中国浙江旅游文化周。其间，举办了旅游推介、文化展示、民乐演出、企业交流等活动，为双方合作的进一步深化打下了基础。2009 年，赴日韩开展旅游推介促销活动。其间，组织召开旅游推介会、拜访当地相关企业和行业协会；浙江省旅游局与全日空航空公司签订进一步加强合作促进繁荣的协议，浙江省旅行社协会分别与日本交通公社（Japan Travel Bureau，简称 JTB）、韩国旅游协会签署加强旅游双边合作交流协议。2010 年，赴香港、澳门、台湾等地组织浙江旅游推广活动。其中，香港浙江旅游推广活动参与人员涵盖浙江各市县旅游局和旅游企业人士，香港旅游业界代表及市民，共计 2 万余人次。

以承办国家级商贸会展活动为契机，通过开展多层次多形式的交流与促销活动，将相关主体引进浙江。2008 年，举办第十届浙江投资贸易洽谈会暨第七届中国国际日用消费品博览会。同期，还举办了开放论坛与科技、人才引进等多项活动，海外参与者囊括国际跨国公司、国际经济组织、外国驻华使领馆、海外专业科技人士等，促成一系列境内外合作项目。同年，举办第十届浙洽会国际会展和休闲旅游项目对接会，重点推进境外酒店、度假区专业客商与浙江相关项目人士对接，促进主题酒店和健康度假酒店等领域项目的投资。连续举办 2009 中国国际旅游商品博览会和 2010 中国国际旅游商品博览会。2009 年，国内参展单位来自全国 31 个省（区、市）以及新疆生产建设兵团，境外参展贸易商覆盖了 80 个国家和地区。博览会期间，组织旅游投资座谈会和旅游商品设计大赛等系列活动。2010 年外商展位较 2009 年增长 170%。其间，组织开展了工艺美术大师作品展和购物旅游节等活动。2009 年，中日韩旅游部长会议在杭州召开，并通过《第五届中日韩旅游部长会议联合声明》。

（四）采取针对性措施，应对突发事件影响

2008 年和 2009 年，先后暴发严重冰雪灾害、汶川大地震和连续暴雨灾害以及甲型 H1N1 流感疫情。为应对特大暴雪灾害，浙江省旅游局采取了关闭雪灾严重地区景区景点，对旅行社进行窗口指导，改变旅游线路或延期接团等措施。为降低汶川大地震的负面影响，浙江省旅游局组织专门力量赴川组织滞留在地震灾区的浙江省游客平安返省。2009 年初开始，杭州率先发放中、英等五种语言版本的旅游消费券，面值高达 2.5 亿元，适用范围覆盖市内 14 个行业 844 个门店。该举措受到了海内外媒体广泛关注。据调查数据显示，每张旅游消费券拉动 289.45 元消费额。发放旅游消费券被认为是抵抗国际金融危机和甲型

H1N1 流感双重冲击的有效举措。组织动员方面，签订年度旅游安全生产目标管理责任书、开展年度安全管理目标责任考核、针对旅行社展开安全知识宣传等。为保证全省旅游安全工作有序开展，2009 年先后下发《浙江省旅游局 2009 年旅游安全监督管理工作计划》《全省旅游行业开展“安全生产年”深化隐患排查治理工作指导意见》和《全省旅游行业开展安全生产“三项行动”工作指导意见》。

二、持续冲击下广东发展入境旅游的应对策略与举措

（一）加强区域产业促进政策供给

2008 年中共广东省委、广东省人民政府出台《关于加快我省旅游业改革与发展建设旅游强省的决定》（粤发〔2008〕20 号），提出 2012 年初步建成旅游强省，到 2020 年建成辐射华南、服务全国、影响亚太、面向世界的具有较高国际水准的旅游目的地。2010 年出台《广东省人民政府贯彻国务院关于加快发展旅游业意见的若干意见》（粤府〔2010〕156 号），明确提出“把旅游业建设成为广东国民经济战略性支柱产业和人民群众更加满意的现代服务业”。

（二）深度整合粤港澳旅游资源和品牌影响力

2008 年，粤港澳三地旅游部门合作推进个人游政策，以区域资源整合、联合促销、上线粤港澳旅游信息平台培育粤港澳客流圈。2009 年，结合 CEPA 政策和“144 小时便利签证”措施，以“一程多站”精品旅游线路和“粤港澳国际旅游区”整体品牌向客源地推介粤港澳旅游。包括联合举行粤港澳旅游推广机构会议和粤港经贸旅游合作交流会，联合参加德国柏林展等国外旅游展销会。2010 年，以华人华侨旅游年为主题，联合香港地区和澳门地区旅游主管部门，先后赴美国、加拿大、英国和法国举行旅游推介会。向当地华侨领袖及商会代表、旅游业界和媒体推介粤港澳“一程多站”旅游线路和主题节庆活动，以及华人华侨旅游年的优惠和便利措施。

（三）探索国际旅游推介与中外文化交流主题活动融合发展

包括中日邦交正常化 35 周年、意大利“中国文化年”和“中越友好年”。2007 年，广东省承办中日旅游交流年闭幕式和中日旅游洽谈会，赴日本开展“中日邦交正常化 35 周年”广东宣传月活动，宣传促销活动的主导作用明显提升。中日旅游交流年闭幕式和中日旅游洽谈会由国家旅游局和日本国土交通省联合主办，广东省旅游局承办，参会人员涵盖中日主办部门高层领导、泛珠三角省区

旅游主管部门代表以及中日旅游业界代表。“中日邦交正常化35周年”广东宣传期间,组织开展多元化促销与交流活动。促销宣传方面,包括广州旅游推介会、深港旅游联合促销和珠澳联合旅游促销。考察交流方面,包括广州大学生友好交流团、北海道新农村建设考察交流团、遗传学工程学交流团和福冈青少年学生文化交流团等。意大利“中国文化年”和“中越友好年旅游共携手”则以宣传推介和促销活动为主。

(四)重视“走出去”宣传促销以及客源地合作关系的创建

“走出去”的形式较为多样。就联合参展来看,2008年至2010年连续组团参加由原国家旅游局组织的世界知名旅游展会,如印度旅游展、德国柏林展、日本旅行业协会东京展、香港国际旅游博览会、亚太旅游协会年会等。就自主促销来看,2008年广东入境旅游大型境外促销活动范围覆盖欧洲四国和美加澳新韩等国,2009年客源地促销范围增加了东南亚地区。就交流活动来看,2008年客源地考察范围覆盖印尼、新加坡、马来西亚、越南东盟四国和西班牙,2009年转为赴首尔、东京和曼谷交流。2010年,重点接待新加坡、泰国、日本、俄罗斯、美国和希腊等国家旅游行政管理部门或领事馆官员。另一方面,同客源市场建立框架合作成为新的市场开拓模式。如2007年赴摩洛哥、坦桑尼亚等国家交流并推动两国旅行社协会签署旅游合作协议,2009年广东省旅游局分别与美国加州、新加坡、马来西亚、澳大利亚新南威尔士州、泰国旅游行政管理部门签署旅游合作与交流协议;并推动省内主要旅游企业和南方航空公司与日本、泰国的旅游企业签署业务合作协议。

(五)救灾应对政策

2008年为应对四川省汶川发生强烈地震,广东省旅游局随即发出《关于向四川省地震灾区捐助的通知》《关于停止组团前往和途经四川地震灾区旅游的紧急通知》《关于迅速查清在四川地震灾区境内外游客有关情况的紧急通知》,指导广东滞留在四川灾区的1111名游客全部安全返粤。

第三节　综合政策改革典型地区的对策研究：以海南省为例

一、建立海南国际旅游岛支撑政策体系

(一)推动海南国际旅游岛建设顶层设计和政策体系建设

2008年国务院办公厅函复海南省政府，支持当地按照《关于支持海南省发展旅游业有关问题的函》(国办函〔2008〕27号)要求推进国际旅游岛建设的体制机制改革和创新发展。同年，海南省出台并实施《海南国际旅游岛建设行动计划》和《关于加快推进国际旅游岛建设的意见》。2010年，国务院印发《国务院关于推进海南国际旅游岛建设发展的若干意见》。海南国际旅游岛建设领导小组和海南省旅游规划委员会成立，《海南国际旅游岛建设发展规划纲要》颁布实施，海南国际旅游岛建设进入实质性阶段。完善海南旅游政策法规体系，引导旅游市场有序发展。2010年，海南省颁布实施《海南国际旅游岛建设环境综合整治工作方案》《海南国际旅游岛建设发展条例》《海南经济特区旅行社管理规定》《海南省旅游景区景点管理规定》《海南经济特区导游人员管理规定》《海南经济特区旅游价格管理规定》等地方政策法规。同期，成立假日旅游管理领导机制，根据相关法律法规实施行业监管与价格调控。

(二)旅游领域对外开放政策取得新进展

一是旅游团免签证政策取得突破。2009年至2010年免签证便利政策取得新成果。海南省旅游团免签证国家由21个增加至26个，芬兰、丹麦、挪威、乌克兰、哈萨克斯坦成为新纳入的旅游团免签证国家，同时，俄罗斯、韩国、德国3国适用调整后的免签证政策，即旅游团人数放宽至2人及以上，停留时间延长至21天。二是国际旅游购物政策取得突破。2008年市内免税店建设方案获得批准，海口、三亚、琼海、万宁四市各开办一家市内免税店；2009年三亚市内免税店建设并营业，海口、琼海、万宁市内免税店建设按计划推进；2010年《关于在海南开展境外旅客购物离境退税政策试点的公告》颁布，海南成为“离境退税”试点并于2011年实施。三是航权开放政策取得突破。2007年根据航权开放政策要求开辟新航线增加航班频次，包括俄罗斯至三亚旅游包机航线、英国曼彻斯特至

三亚定期旅游包机航线，恢复日本大阪至三亚以及马来西亚吉隆坡至海口的国际航班。四是游艇政策取得突破。2008 年海南与香港签署《关于加强邮轮合作协议》，深化琼港国际邮轮市场合作。2010 年颁布实施《海南省游艇管理试行办法》，在游艇登记等共计 15 项游艇管理政策上取得突破。

二、构建海南国际旅游品牌的合作网络

（一）搭建合作网络，丰富全海南国际旅游品牌内涵

2008 年琼港联合向境外客源地推出“海南度假 + 香港购物”的“一程多站”旅游产品，签署邮轮合作协议共同开拓国际邮轮市场。2010 年，联合中国旅行社总社（北京）有限公司、中国国际旅行社总社有限公司签署战略合作协议，增强海南境外旅游市场开发力度；与《新京报》等媒体签署设立旅游联络处协议，构建海南旅游宣传推广的媒体网络。联合世界旅游业理事会编写并向全球发布《海南旅游经济发展报告书》，签署旅游业经济影响研究及模拟旅游卫星账户项目协议，提升海南旅游国际化水平。

（二）积极开展境外文化旅游交流、推介和促销

一是参加丰富多样的主题交流活动。2007 至 2008 年，连续赴香港地区参加“国泰航空新春国际汇演之夜”活动，2007 年赴日本仙台参加中日友好交流活动，赴越南参加“2007 越南下龙旅游节”，赴希腊考察海岛旅游发展情况；2008 年，赴新加坡参加“春到河畔迎新年”活动，赴台湾地区参加第十一届海峡两岸旅游行业联谊会。二是建立较为稳定的市场开拓方向，多次参加重点客源国举办的国际旅游展会。2007 年至 2010 年间，多次赴德国参加柏林国际旅游交易会、赴俄罗斯参加莫斯科国际旅游交易会，赴香港地区参加香港国际旅游交易会、赴日本参加大阪国际旅游展、赴台湾地区参加海峡两岸台北旅游展、赴马来西亚和新加坡参加马来西亚和新加坡旅游展、赴印度参加印度国际旅游展。三是交流及参会期间，开展专项促销活动和推介活动。促销活动包括 2007 年圣彼得堡旅游促销活动和印度“中国旅游之夜”促销活动，2008 年芬兰专项促销活动。2009 年境外促销活动力度大增，包括“阳光海南欧洲行”和“阳光海南，度假天堂”等在内的境外促销活动达到 19 项。推介方面，2007 年赴俄罗斯、越南开展专项推介活动，2009 年赴香港地区推介海南的免签证和航权开放政策，2010 年赴莫斯科，联合香港方面推广“海南度假 + 香港购物”一程多站的旅游产品。

（三）组织境外旅游运营商和国际传媒等关键团体来琼深化合作

一是接待欧洲客源国等有关组织和运营商，联合研究设计旅游线路及产品。2007 年接待新加坡旅游机构和航空考察团、芬兰航空等北欧旅行商，与德国斯图加特市机场相关负责人商讨开通德国至海南直通航线。2008 年共计接待境外旅行商 7 批，覆盖俄罗斯、韩国、芬兰、德国、法国和英国等 8 个客源国和客源地，高尔夫和邮轮旅游新线路成为关注的重点领域。2010 年接待境外买家团考察三亚、保亭和海口的旅游资源。同期，以“千车万人自驾游海南”活动为契机，组织澳洲旅游业者及中国旅游交易会参会境外买家来琼考察。二是接待媒体记者考察团，制作海南旅游专题宣传片和深度报道。2007 年和 2010 年重点接待俄罗斯传媒人士来琼考察和拍摄电视节目。包括俄罗斯国家电视台“环球”栏目摄制组和第一频道“喜剧俱乐部”节目编导人员等。海南度假旅游相关报道刊登在《俄罗斯报》《华盛顿邮报》《自驾游》《户外》《大公报》等境外报纸。展示内容囊括滨海游、高尔夫旅游和民俗风情等。此外，2007 年还组织海南旅游广告短片的拍摄和播放，拍摄工作由英国广播公司（BBC）完成，其后由美国有线电视新闻网（CNN）播放。

三、提升旅游公共服务和打造会展节庆品牌

（一）全面推进旅游基础设施与公共服务建设

国际旅游咨询服务方面，2009 年相继成立海南旅游俄罗斯联络处、德国联络处和中国香港联系处，2010 年开通海南国际旅游岛门户网站提供中英文双语咨询服务；同期，三亚等 7 家海南旅游咨询服务中心投入运营。交通网络建设方面，2010 年，邮轮旅游与岛内陆上交通基础设施取得阶段性成效。海南岛东环铁路正式投入运营，海口港二期工程 7 万吨级国际游轮泊位和三亚凤凰岛 10 万吨级国际游轮码头相继建成。2010 年，262 个旅游厕所投入运营。

（二）打造国际知名会议节庆品牌

高端会议品牌建设方面，2009 年博鳌亚洲论坛 2009 年年会海南旅游分论坛和 2010 年博鳌国际旅游论坛相继在琼举行。以 2010 年博鳌国际旅游论坛为例，会议嘉宾覆盖 50 多个国家和地区，主题活动多达 10 余项，并发布大会成果“海南旅游宣言”。特色旅游品牌建设方面，2009 年第四届中国邮轮产业发展暨首届国际邮轮博览会在琼举办并形成《三亚宣言》。该项成果反映了中国交通

运输协会邮轮游艇分会与意大利歌诗达邮轮公司等全球四大邮轮公司就国际邮轮业未来发展所达成的共识。品牌多元化国际化建设方面，2010 年举办了第十一届中国海南岛欢乐节、第六十届世界小姐总决赛、亚洲沙滩排球锦标赛、世界女子沙排巡回赛和首届环海南岛国际大帆船赛等大型活动。

第六章　周期视域下旅游专业化冲击效应的特征事实

本章从周期视角分析提炼京沪浙粤琼等东部典型地区旅游专业化冲击效应的特征事实。周期是观察旅游专业化冲击效应及其异质性的一种角度。借助HP滤波法获取旅游专业化潜在趋势与波动周期,通过研究旅游专业化冲击效应的全时域特征事实和重大事件时段的特征事实,分析重大事件冲击效应的基本特征,以及东部五省市受冲击影响呈现的异质性。本书在此将旅游专业化周期波动纳入主流的周期波动分析范式,为宏观经济周期理论阐述旅游专业化冲击效应提供计量分析依据,为中国方案的经济学术话语体系构建提供支撑。

第一节　旅游专业化冲击效应测量

一、量化模型与参数选择

旅游专业化的潜在值和波动风险数额并不是可以直接观察到的,需要选择滤波算子准确分析和测算。本书采用HP滤波法(Hodrick, Prescott, 1997)测算旅游专业化的潜在值和波动风险。HP滤波方法是经济周期文献中剔出数据中长期变动的标准方法(Ravn,Uhlig,2002;王宪勇,2009),该滤波方法应用到现实数据可以获取经济周期的事实。

鉴于上述研究被视作证明受新古典理论强调的现象的约束的某些系统性偏离,因此,本书采用HP滤波方法,即将旅游专业化波动周期看成旅游专业化增长率运行对某种缓慢变动路径的偏离,这种路径在样本期间内单调地增长,即所谓"趋势",而对"趋势"的偏离即为"波动"。需要注意的是这种统计方法不是标准的时间序列分析方法,因其不是通过设定概率模型来考虑数据生成过程,而是谨慎地使该方法得到经济理论的支持。在经济增长理论观察的基础上,假设宏观变量的时间序列的增长因素是随时间平滑变化的。

（一）量化模型

观察到的时间序列可以被看作周期和增长因素的和。如果增长核算提供了增长因素的估计，带有与周期因素很低的误差，计算周期因素就是计算观察值和增长因素之间的差。

分离增长因素建立在以下假设之下：增长因素是随时间平滑地变化的。

旅游专业化程度 y_t 等于增长因素 g_t 和周期因素 c_t 之和，即

$$y_t = g_t + c_t \cdots\cdots\cdots\cdots\cdots\cdots\cdots\cdots\cdots\cdots\cdots \quad (6.1)$$

$\{g_t\}$ 的路径等于其二阶差分的平方。c_t 是对 g_t 的偏离，在长期其均值接近于 0。

具体地，通过以下表达式求解增长因素：

$$\min_{g_t}\{\sum_{t=1}^{T} c_t^2 + \lambda\sum_{t=1}^{T}\left[(g_t - g_{t-1}) - (g_{t+1} - g_t)\right]^2\} \cdots\cdots\cdots \quad (6.2)$$

其中，$c_t = y_t - g_t$。参数 λ 是一个正数，它对增长因素的过度波动进行惩罚。λ 的值越大，解的序列越平滑。对于一个足够大的 λ，$g_{t+1} - g_t$ 应该任意接近某些常数 β，所以 g_t 任意接近 $g_0 + \beta_t$。

这意味着当 λ 趋于无穷时，规划问题（6.2）的解的极限是对线性时间趋势模型的最小二乘拟合。

（二）参数取值

在处理年度数据时，经济学家对 λ 的取值存在较大分歧（张连城，韩蓓，2009）。戴维和帕特里克（David，Patrick，1992）认为平滑参数 $\lambda = 100$，这也是时间序列软件 Eviews 的默认值；科雷亚（Correia et al，1992）、库利和瓦尼安（Cooley，Ohanian，1991）认为 λ 的取值应该为 400；巴克斯特和金（Baxter，King，1999）的研究表明 $\lambda = 10$；拉文和尤利格（Ravn，Uhlig，2002）认为 λ 应该是观测数据频率的 4 次方，即年度数据应取 6.25。

通过在频域上比较 HP 滤波转移方程的图像、分析 HP 滤波的转移方程以及蒙特卡罗实验，拉文和尤利格发现 4 次方调整最佳。那么，参数 λ 如何取值所计算的旅游专业化程度的周期因素是合适的呢？为回答这一问题，我们可以观察 λ 不同取值的结果。

二、旅游专业化潜在趋势与冲击效应测算

(一)数据来源

中国入境旅游地区层面季度数据时间较短、较难获取,故本书使用年度产出数据估计地区潜在经济增长率更为合理。如上所述,经济学家在采用 HP 滤波处理年度数据时平滑参数的取值仍有较大争议。因不同国家数据特点差异较大,不可将该结论直接应用于我国。本书使用 100 和 6.25 两个 HP 滤波对北京等东部五省市旅游专业化的年度数据进行分解,通过对比分析得出适用于上述地区的平滑参数,并进而估计东部五省市潜在经济增长率(见图 6.1)。文中使用的数据是 1991 年至 2015 年中国年度旅游专业化率,数据主要源于《中国统计年鉴》(1990 至 2016)和《中国旅游统计年鉴》(1991 至 2016)。

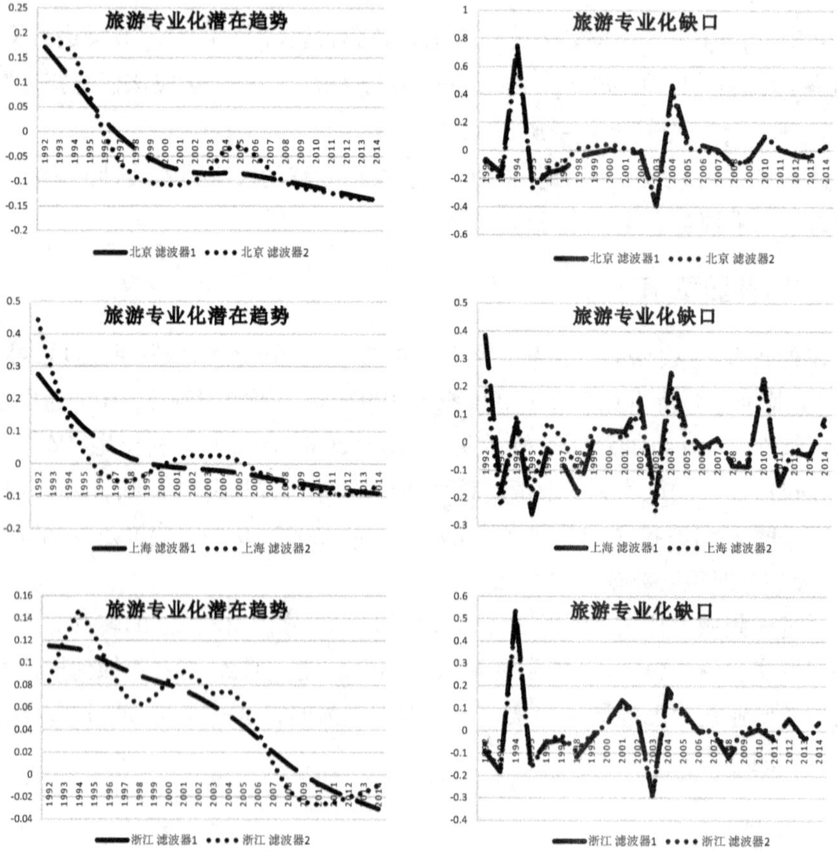

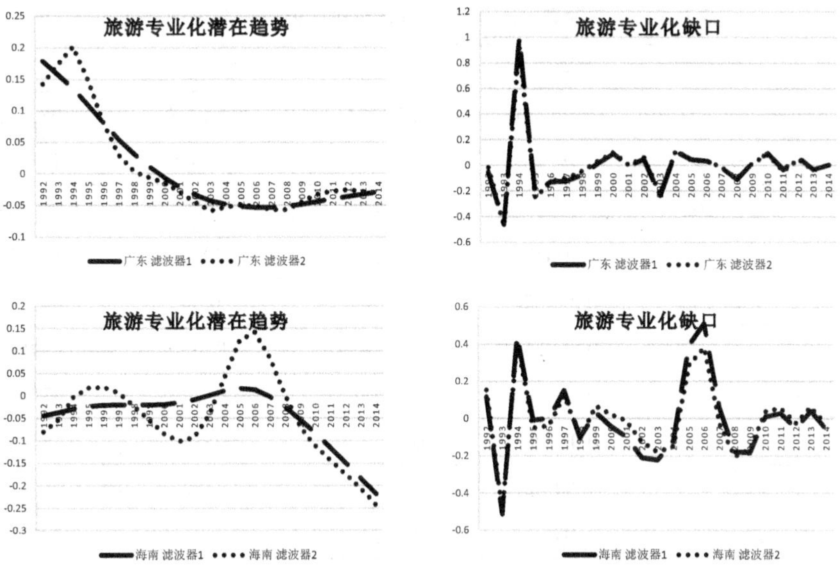

图 6.1　京沪浙粤琼旅游专业化潜在趋势与缺口

注：滤波器 1 表示参数值为 100 的测算结果，滤波器 2 表示参数值为 6.25 的测算结果

来源：根据《中国旅游统计年鉴》《中国统计年鉴》测算所得

（二）基于不同参数的旅游专业化数值比较

应用平滑参数 $\lambda = 100$ 和 $\lambda = 6.25$ 两种 HP 滤波器（以下简称为滤波器 1 和滤波器 2）对旅游专业化增长率进行滤波，分离趋势成分与波动成分。1992 至 2014 年按北京、上海、浙江、广东、海南旅游专业化增长率潜在趋势的统计特征测算结果如表 6.1 所示。尽管各地的两组旅游依存趋势序列的均值相同，但是变化路径差异较为明显，滤波器 1 所得旅游依存趋势序列更为平滑。进一步观察组图，发现滤波器 1 和 2 所得缺口序列的波动幅度较为相近。综上，滤波器 1 所得到的旅游依存趋势被过度平滑化，难以有效地反映趋势值出现的结构性变动。不同于此，由滤波器 2 所得到的旅游依存趋势变化路径能较好地刻画该项特征。因此，平滑参数取 6.25 的滤波器 2 能更好地刻画旅游依存趋势的结构性变动。需要注意的是，滤波器 2 中旅游依存趋势的估算受样本期内极值的影响较大。中国经济改革转型持续推进，经济结构调整特征不容忽视，旅游经济也不例外，旅游专业化增长率潜在趋势具有结构调整的特征。滤波器 2 能较好地刻画结构变动，但测算的旅游依存趋势受极值影响较大。相对于此，滤波器 1 所测算的长期增长路径无法捕捉和反映结构变动。

表 6.1 京沪浙粤琼五省市旅游专业化估值的主要统计特征

地区	平滑参数	均值	标准差	最小值	最大值
北京	$\lambda = 100$	−0.048004	0.171535	−0.137681	0.087353
	$\lambda = 6.25$	−0.048004	0.192421	−0.136082	0.101398
上海	$\lambda = 100$	0.008531	0.274953	−0.090953	0.097599
	$\lambda = 6.25$	0.008531	0.442972	−0.095581	0.125372
浙江	$\lambda = 100$	0.050256	0.11489	−0.03081	0.049862
	$\lambda = 6.25$	0.050256	0.147469	−0.026976	0.054595
广东	$\lambda = 100$	0.007282	0.178187	−0.053238	0.074373
	$\lambda = 6.25$	0.007282	0.201499	−0.058576	0.081492
海南	$\lambda = 100$	−0.045826	0.0167	−0.218324	0.062987
	$\lambda = 6.25$	−0.045826	0.141474	−0.243613	0.097297

来源：根据自有数据测算

三、旅游专业化冲击效应的统计特征

旅游专业化波动是地区入境旅游占国民生产总值数据呈现出的一种波动。如前所述，所谓旅游专业化增长率波动成分，即缺口，是对长期趋势值的偏离。此处参照经济周期经典定义，基于旅游专业化增长率波动成分概念进一步提出旅游专业增长率波动周期概念，即地区旅游专业化增长率波动周期由该地旅游专业化进程中所发生的扩张，随之而来的同样普遍的衰退、收缩和与下一个周期的扩张阶段相连的复苏所组成；这种变化的顺序反复出现，但并不是定时的。简言之，旅游专业化增长率波动周期是旅游专业化增长率波动水平扩张和收缩有规律的交替过程，是旅游专业化增长率波动偏离长期趋势值的反复出现。上述周期内涵将作为后述比较研究的重要划分依据。本书对 HP 滤波法所得数据按“谷—谷”方法进行划分，规避旅游专业化序列趋势成分对波动性的干扰。该法为国内学者广泛用于研究经济周期划分。北京等东部五省市旅游专业化风险波动序列如图 6.1 所示。各地不同参数所得序列的主要周期特征高度一致，即周期长度、波峰波谷时点、波动幅度和平均位势的变化趋势相近。鉴于上述特征是波动分析的主要对象，文中不再对两组参数所得波动的时间序列重复分析。滤波器 1 所得旅游专业化增长率周期划分结果见表 6.2。

表 6.2　京沪浙粤琼五省市旅游专业化波动周期的划分与特征

地区	周期	起止年份	时间跨度	平均变动率(%)	波峰	波谷	峰谷落差
北京	1	1992—1995	4	0.0682	0.7615	-0.2602	1.0217
	2	1996—2003	8	-0.0941	0.0081	-0.3891	0.3972
	3	2004—2008	5	0.0955	0.465	-0.107	0.572
	4	2009—2013	5	-0.0061	0.1001	-0.0435	0.1436
	5	2014—	1	—	—	—	—
上海	1	1992—1995	4	0.0061	0.3849	-0.2581	0.6430
	2	1996—2003	8	-0.0291	0.1569	-0.2082	0.3651
	3	2004—2009	6	0.0207	0.2504	-0.0851	0.3355
	4	2010—2014	5	0.0169	0.2289	-0.1508	0.3796
浙江	1	1992—1995	4	0.0303	0.5441	-0.1825	0.7266
	2	1996—2003	8	-0.0359	0.1347	-0.2856	0.4204
	3	2004—2008	5	0.0309	0.1884	-0.1176	0.3061
	4	2009—2011	3	-0.0162	0.0103	-0.0392	0.0495
	5	2012—2014	3	0.0202	0.0543	-0.0311	0.0854
广东	1	1992—1995	4	0.0664	0.9915	-0.4591	1.4506
	2	1996—2003	8	-0.0534	0.0882	-0.2431	0.3314
	3	2004—2008	5	0.0110	0.1068	-0.1102	0.2170
	4	2009—2011	3	0.0268	0.0940	-0.0335	0.1275
	5	2012—2014	3	0.0087	0.0589	-0.0332	0.0584
海南	1	1992—1995	4	0.0098	0.4438	-0.5115	0.9553
	2	1996—2003	8	-0.0619	0.1491	-0.2219	0.3710
	3	2004—2009	6	0.0816	0.5094	-0.1814	0.6908
	4	2010—2014	5	-0.0067	0.0386	-0.0564	0.095

来源：根据自有数据测算

第二节　全时域视角下旅游专业化冲击效应的特征事实

一、典型国际赛事会展承办地的特征事实

(一)北京旅游专业化冲击效应的特征实事

运用 HP 滤波器 1 得到 1992 年至 2014 年间年度北京潜在旅游专业化增长率,如图 6.2 所示。观察可知北京旅游专业化呈持续下降状态，1992 年至 1999 年时段的下降速度最快,进入 2000 年后北京旅游专业化的下降速度明显放缓,到 2006 年旅游专业化再现快速下降态势,但下降速度较 1999 年之前相对温和。这表明北京旅游专业化发展潜力先后经历了两个不同阶段的下降过程,并且阶段性下降速度减慢。滤波器 2 得到 1992 年至 2014 年间年度北京潜在旅游专业化增长率如图所示。观察可知北京潜在旅游专业化增长率呈波动下降状态,1992 年至 1999 年时段的加速下降时期,进入 2000 年至 2005 年时段北京潜在旅游专业化增长率逐渐回升,到 2006 年潜在旅游专业化增长率再次下滑,该下降时段持续到 2014 年。比较两组北京潜在旅游专业化增长率,总体来看滤波器 2 所得曲线具有更为明显的波动特征。

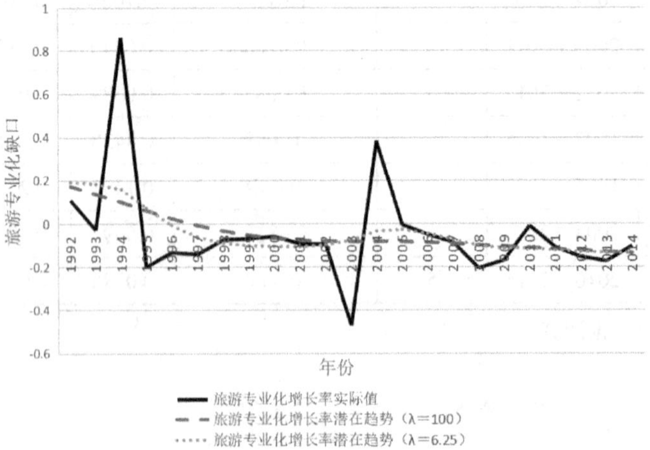

图 6.2　北京旅游专业化实际增长率与潜在增长率

来源:根据《中国旅游统计年鉴》《中国统计年鉴》测算所得

北京旅游专业化增长率波动周期的变化趋势和特点如下。一是北京旅游专业化波动周期的长度相近，5 年左右较为常见,除了 1996 年至 2003 年段长达 8 年。二是波动幅度即峰谷落差下降明显。该统计量描述周期内旅游专业化增长率（HP 波动周期成分）振幅,反映旅游专业化增长高低起伏的剧烈程度,是旅游专业化增长稳定性的重要观测指标之一。峰谷落差越大则旅游专业化增长越不稳定。从 1992 年至 1995 年的 1.0217 下降到 2009 年至 2013 年的 0.1436,下降了 0.8781,表明北京旅游专业化增长的稳定性大幅提高。同期,波谷深度由 -0.2602 持续上升至 -0.0435,表明北京旅游专业化增长的抗衰退能力提高了。三是波动周期平均位势呈现波浪上升状态。波动周期的平均位势即周期内年度平均旅游专业化波动成分的增长率。如表 6.2 所示,平均变动率正负值在四大周期间交替出现,2004 年至 2008 年的平均变动率为 0.0955 相对于 1992 年至 1995 年的 0.0682 上升明显,类似的 2009 年至 2013 年的平均变动率为 -0.0061 较 1996 年至 2003 年的 -0.0941 显著上升。上述特征表明北京地区旅游专业化波动增长潜力的释放尚不稳定,但仍然可以发现的上升痕迹。

（二）上海旅游专业化冲击效应的特征事实

1992 年至 2014 年间年度上海潜在旅游专业化增长率（滤波器 1）如图 6.3 所示,从 1992 年起上海潜在旅游专业化增长率持续下滑。其间，1992 年至 1999 年上海潜在旅游专业化增长率下降尤为迅速和显著,进入 2000 年后下降速度明显放缓,直到 2007 年下降速度略有加快。滤波器 2 得到 1991 年至 2014 年间年度上海潜在旅游专业化增长率如图所示。1992 年至 1997 年为上海潜在旅游专业化增长率下降期。1998 年至 2004 年期间上海潜在旅游专业化增长率出现回升。其间，2003 年 SARS 疫情影响显著,上海潜在旅游专业化增长率上升趋势受挫,但随后 2004 年出现回调。2005 年后上海潜在旅游专业化增长率再度下降,直至 2013 年再次出现回升。比较两组上海潜在旅游专业化增长率,滤波器 2 所得曲线不仅具有更为明显的波动性,而且出现持续数年的上升期;不同于此,滤波器 1 所得曲线更为平滑,持续下降成为主要特征。

如表 6.2 所示,可以看出上海旅游专业化波动周期变化趋势和特点。一是上海旅游专业化波动周期的长度相近，5 年左右较为常见,除了 1996 年至 2003 年段长达 8 年。二是波动幅度由下降趋势主导,从 1992 年至 1995 年的 0.643 下降到 2004 年至 2009 年的 0.3651,旅游专业化增长的稳定性有一定程度的提高,虽然近一个周期的波动幅度略有回升,即 2010 年至 2014 年的波动幅度为 0.3796 略前一期上升了 0.0441。同期,波谷深度由 -0.2581 上升至 -0.1508,表明上海旅游专业化增长的抗衰退能力得到提升。三是波动周期平均位势呈现波浪上升状态，表明上海地区旅游专业化波动增长潜力的释放尚不稳定，就目前来看以上升为主。

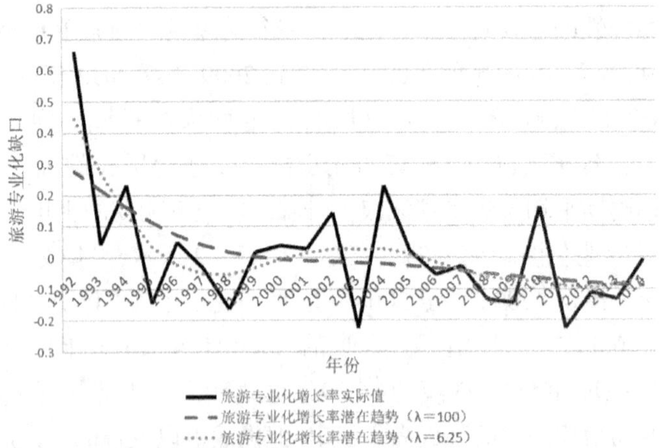

图 6.3　上海旅游专业化实际增长率与潜在增长率

来源：根据《中国旅游统计年鉴》《中国统计年鉴》测算所得

二、典型外向型经济地区的特征事实

（一）浙江旅游专业化冲击效应的特征事实

浙江潜在旅游专业化增长率（滤波器 1）呈持续下降状态，1992 年至 1998 年时段的下降速度最快，进入 1999 年后浙江旅游专业化的下降速度明显放缓，到 2004 年旅游专业化再现快速下降态势，但下降速度较 1998 年之前相对温和。这表明浙江旅游专业化发展潜力先后经历了两个不同阶段的下降过程，并且阶段性下降速度减慢。不同于此，滤波器 2 所得浙江潜在旅游专业化增长率呈现波动下降特点。1991 年至 1994 年为上升期，1995 年至 1998 年为下降时期，1999 年至 2001 年再次进入上升期。2000 年后逐渐下降，该趋势持续至 2009 年。期间，2003 年受到 SARS 疫情影响降幅出现显著增大，2004 年出现回调。2010 年以后浙江潜在旅游专业化增长率出现持续缓慢的回升。比较两组浙江潜在旅游专业化增长率，总体来看滤波器 2 所得曲线具有更为明显的波动特征（见图 6.4）。

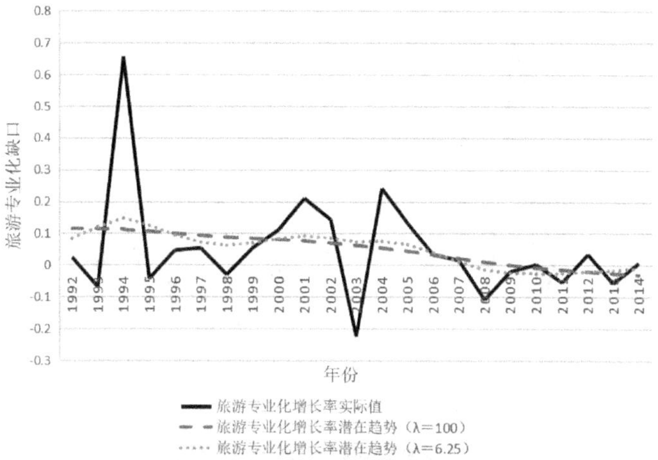

图 6.4　浙江旅游专业化实际增长率与潜在增长率

来源：根据《中国旅游统计年鉴》《中国统计年鉴》测算所得

浙江旅游专业化波动周期变化特征也可从三个方面描述（见表 6.2）。一是浙江旅游专业化波动周期的长度相近，4 年左右较为常见，除了 1996 年至 2003 年段长达 8 年。二是波动幅度即峰谷落差下降明显，从 1992 年至 1995 年的 0.7266 下降到 2009 年至 2011 年的 0.0495，旅游专业化增长的稳定性显著增强，虽然近一个周期的波动幅度略有回升，即 2012 年至 2014 年的波动幅度为 0.0854 略前一期上升了 0.0359。同期，波谷深度从 1992 年至 1995 年的 -0.1825 上升到 2012 年至 2014 年的 -0.0311，上升了 0.1514，表明当地旅游专业化增长的抗衰退能力大幅提高。三是波动周期平均位势呈不规则性波动状态，表明浙江地区旅游专业化波动增长潜力的释放尚不稳定。

（二）广东旅游专业化冲击效应的特征事实

就整个观察期来看，广东潜在旅游专业化增长率变化轨迹呈现先下降后上升的特点（见图 6.5）。1992 年至 2003 年当地潜在旅游专业化增长率持续下降，期间先后经历了 1992 年至 2000 年下降相对较快阶段、2001 年至 2003 年下升速度相对较慢阶段。进入 2004 年后广东潜在旅游专业化增长率轨迹出现缓慢上升趋势。滤波器 2 得到 1992 年至 2014 年间年度广东潜在旅游专业化增长率如图 6.5 所示。1991 年至 1994 年为上升期，1995 年以后出现持续下降，2004 年再度回升但是上升速度较慢，直到 2014 年。比较两组广东潜在旅游专业化增长率，总体来看两组潜在旅游专业化增长率均呈现先降后升的特点，滤波器 2 所得曲线波动性略为明显。

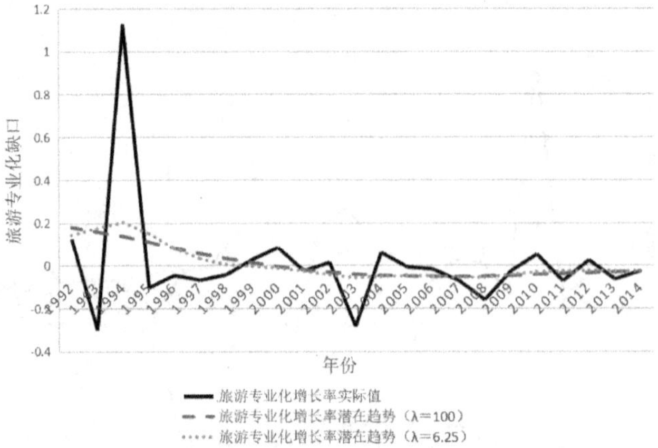

图 6.5　广东旅游专业化实际增长率与潜在增长率

来源：根据《中国旅游统计年鉴》《中国统计年鉴》测算所得

如表 6.2 所示，可以看出广东旅游专业化波动周期变化趋势和特点。一是广东旅游专业化波动周期往往不多于 5 年，除了 1996 年至 2003 年段长达 8 年。其间，除了周期长度由 1992 年至 1995 年的 4 年上升至 1996 年至 2003 年的 8 年，观察近来 4 个周期可发现当地旅游专业化波动周期长度已不断缩短。二是波动幅度即峰谷落差下降明显，从 1992 年至 1995 年的 1.4506 持续下降到 2012 年至 2014 年的 0.0584，旅游专业化增长的稳定性显著增强。同期，波谷深度由 -0.4591 上升至 -0.0332，表明广东旅游专业化增长的抗衰退能力显著提升。三是波动周期平均位势呈不规则性波动状态，表明广东地区旅游专业化波动增长潜力的释放尚不稳定。

三、综合政策改革典型地区的特征事实

海南潜在旅游专业化增长率（滤波器 1）呈持续下降状态。就整个观察期来看，2000 年至 2006 年时段的下降速度最快；在此之前，当地旅游专业化先后经历了 1992 年至 1995 年下降相对较快与 1996 年至 1999 年下降相对较慢的两个略有差异的时期；进入 2007 年后海南旅游专业化的下降速度相对前期放缓。这表明海南旅游专业化发展潜力先后经历了四个不同阶段的下降过程，各阶段下降速度略有调整。滤波器 2 得到 1992 年至 2014 年间年度海南潜在旅游专业化增长率如图所示。1992 年至 1996 年为上升期，1997 年以后出现持续下降，2002 年再度回升并且上升速度较快，2007 年再一次出现下滑直到 2014 年。加速下降时期，进入 2000 年至 2005 年时段潜在旅游专业化增长率逐渐回升，到 2006 年潜在旅游专业化增长率再次下滑，该下降时段持续到 2014 年。比较两组海南

潜在旅游专业化增长率，总体来看两组潜在旅游专业化增长率均呈现先升后降的特点，不过滤波器 2 所得曲线具有更为明显的波动特征（见图 6.6）。

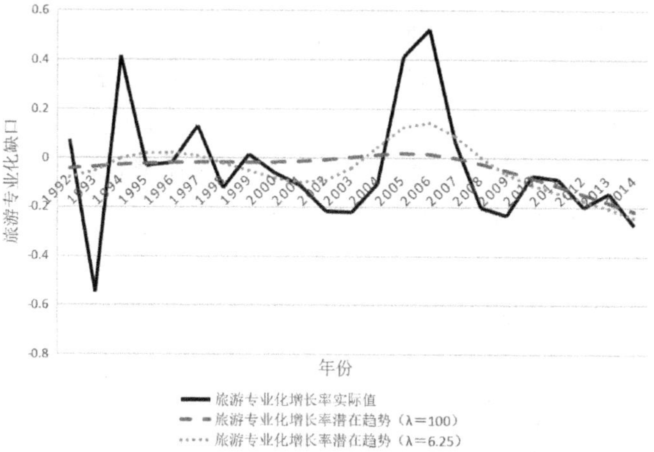

图 6.6　海南旅游专业化实际增长率与潜在增长率

来源：根据《中国旅游统计年鉴》《中国统计年鉴》测算所得

如表 6.2 所示，海南旅游专业化增长率波动周期具有以下变化趋势和特点：一是海南旅游专业化波动周期往往为 5 年左右，除了 1996 年至 2003 年段长达 8 年。因此当地旅游专业化波动周期长度较为稳定。二是波动幅度显著下降，从 1992 年至 1995 年的 0.9553 持续下降到 2012 年至 2014 年的 0.095，旅游专业化增长的稳定性显著增强。同期，波谷深度由 −0.4591 上升至 −0.0332，表明海南旅游专业化增长的抗衰退能力显著提升，虽然 2004 年至 2009 年的波动幅度达到 0.6908，相对前期有一定程度的回调。三是波动周期平均位势呈不规则性波动状态，表明海南地区旅游专业化波动增长潜力的释放尚不稳定。

第三节　重大事件对旅游专业化冲击效应的特征事实

一、重大事件冲击典型国际赛事会展承办地的特征事实

（一）重大事件冲击北京旅游专业化的特征事实

滤波器 1 所得潜在旅游专业化增长率与实际增长率如图 6.7 所示。1994 年

汇率并轨之际人民币急剧贬值，这是一件目的地全局性经济事件，受其影响北京旅游专业化走势迅速转变。北京旅游专业化增速从潜在趋势线下方迅速扭转至上方，正缺口急剧上升，达到 0.76。不过，这种转变并不持续。1997 年香港回归效应与亚洲金融危机效应叠加下北京旅游专业化增速较上年继续下滑，缺口值为 -0.13。1998 年国外来自亚洲金融危机影响的持续发酵，国内受到长江流域特大洪水险情冲击。同期，北京旅游专业化增速进一步回升，缺口值缩小至 -0.04。2003 年 SARS 疫情暴发对北京产生直接而剧烈的冲击。北京旅游专业化增速跌势加剧，缺口值骤降至 -0.39。

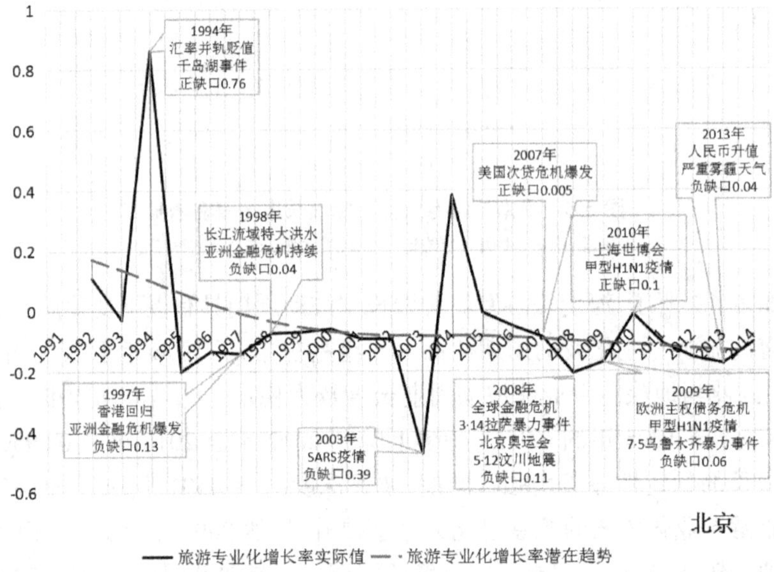

图 6.7 重大事件对北京旅游专业化增长率的冲击效应

来源：本书研究梳理

2007 年美国次贷危机爆发，北京旅游专业化增速已经历经数年的持续下降，冲击影响在于强化了原有的下降趋势。2008 年美国次贷危机影响持续扩大，演变为全球性金融危机，同期叠加 3・14 拉萨暴力事件、5・12 汶川大地震冲击效应和北京奥运会效应。受上述综述影响，北京旅游专业化增速持续下滑至潜在趋势以下，缺口值达到 -0.11，接近 1997 年缺口值。2009 年美国次贷危机得以控制，欧洲主权债务危机爆发，全球及国内出现甲型 H1N1 疫情，7·5 乌鲁木齐暴力事件。当年北京旅游专业化增速反弹并开启了为期 2 年的上升趋势。2010 年欧洲主权债务危机在欧盟地区持续发酵，与此同时上海世博会如期举办，影响叠加之下北京旅游专业化增速持续上升，缺口值再次为正值，达到 0.1。2013 年人民币急剧升值与严重雾霾天气叠加效应下，北京旅游专业化增速持续下降，缺口进一步扩大，达到 -0.04。

比较不同滤波器所得的北京旅游专业化增长率缺口，发现几点现象：一是两种旅游专业化增长率缺口符号基本一致。除 1998 年和 2007 年外，其他年份的旅游专业化增长率缺口符号相同。1998 年与 2007 年分别对应亚洲金融危机、全球金融危机冲击时段。二是若实际旅游专业化增长率位于潜在旅游专业化增长率下方，则滤波器 2 所得潜在旅游专业化增长率更接近实际值。如表 6.3 所示，两种潜在值均小于实际值的年份为 1997 年、2003 年、2008 年、2009 年和 2013 年。除 2003 年受到 SARS 疫情冲击外，滤波器 2 所得旅游专业化增长率缺口绝对值更小。

表 6.3　历次重大事件对北京旅游专业化的冲击效应估值比较

地区	参数	1994	1997	1998	2003	2007	2008	2009	2010	2013
北京	$\lambda = 100$	0.762	-0.133	-0.039	-0.389	0.005	-0.107	-0.065	0.100	-0.044
	$\lambda = 6.25$	0.703	-0.079	0.016	-0.395	-0.012	-0.104	-0.056	0.105	-0.039

来源：根据自有数据测算

（二）重大事件冲击上海旅游专业化的特征事实

1994 年受益于汇率并轨的人民币贬值效应，上海旅游专业化增速急剧攀升，继续位于潜在趋势线（滤波器 1）上方，旅游专业化增长率缺口达到 0.071。受香港回归与亚洲金融危机综合影响下，1997 年上海旅游专业化增速下滑，旅游专业化增速仍在潜在趋势线下方且缺口有所扩大。1998 年亚洲金融危机影响扩大叠加长江流域特大洪水险情，导致上海旅游专业化增速进一步下滑，旅游专业化增长率缺口值达到 -0.74。2003 年 SARS 导致上海旅游专业化增速急剧降至潜在趋势下方，旅游专业化增长率缺口值为 -0.208。2007 年美国次贷危机爆发并向国内传导，同期上海旅游专业化增速小幅上调，升至潜在趋势以上，旅游专业化增长率缺口值为 0.015。2008 年全球金融危机、3・14 拉萨暴力事件、5・12 汶川大地震、北京奥运会四者效应叠加下，上海旅游专业化增速持续下滑至潜在趋势以下。2009 年发生欧洲主权债务危机、甲型 H1N1 疫情和 7・5 乌鲁木齐暴力事件，同期上海旅游专业化增速持续位于潜在趋势以下，缺口略有扩大达到 -0.085。2010 年欧洲主权债务危机影响扩大，甲型 H1N1 疫情尚未消除，但是借助举办上海世博会，上海旅游专业化增速得以大幅回升，从趋势线下方运行急剧攀升至趋势线上方，旅游专业化增长率缺口为0.229。2013年人民币急剧升值与年初国内多地严重雾霾天气叠加效应下，上海旅游专业化增速再次下降。旅游专业化增速持续位于潜在趋势以下且缺口进一步扩大。

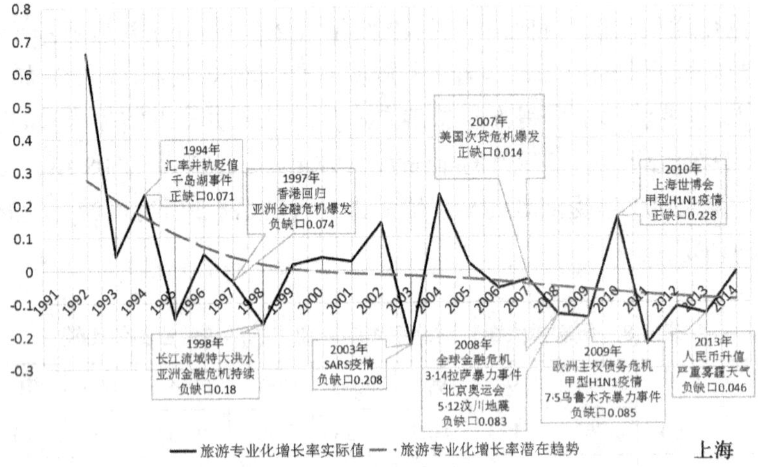

图6.8　重大事件对上海旅游专业化增长率的冲击效应

来源：本书研究梳理

比较不同滤波器所得的上海旅游专业化增长率缺口，发现几点现象：一是两套旅游专业化增长率缺口符号基本一致。除1997年外，其他年份的旅游专业化增长率缺口符号相同。1997年为亚洲金融危机与香港回归时段。二是若实际旅游专业化增长率位于潜在旅游专业化增长率下方，则滤波器2所得潜在旅游专业化增长率更接近实际值。如表6.4所示，两组潜在值均小于实际值的年份为1998年、2003年、2008年、2009年和2013年。除2003年受到SARS疫情冲击外，两组旅游专业化增长率缺口尤为相近。

表6.4　历次重大事件对上海旅游专业化的冲击效应估值比较

地区	参数	1994	1997	1998	2003	2007	2008	2009	2010	2013
上海	$\lambda = 100$	0.071	-0.074	-0.181	-0.208	0.014	-0.083	-0.085	0.228	-0.046
	$\lambda = 6.25$	0.095	0.017	-0.110	-0.250	0.014	-0.072	-0.072	0.239	-0.047

来源：根据自有数据测算

二、重大事件冲击典型外向型经济地区的特征事实

（一）重大事件冲击浙江旅游专业化的特征事实

1994 年人民币急剧贬值促使浙江的旅游专业化增速回升。旅游专业化增速急剧攀升至潜到趋势线（滤波器 1）上方，旅游专业化缺口值为 0.544。同年，千岛湖事件冲击了赴大陆旅游的台胞市场，对当地入境旅游整体市场的影响有限。1997 年香港回归与亚洲金融危机叠加之下，浙江旅游专业化增速虽然保持增长，但是不及潜在趋势值。1998 年亚洲金融危机影响扩大叠加长江流域特大洪水汛情，浙江旅游专业化增速迅速下滑，旅游专业化缺口扩大。2003 年 SARS 导致浙江旅游专业化增速急剧降至潜在趋势下方，缺口值达到 -0.285。2007 年美国次贷危机的爆发，浙江旅游专业化增速持续下滑至潜在趋势线下方。2008 年次贷危机向全球危机转化，同时国内先后出现 3・14 拉萨暴力事件和 5・12 汶川大地震，加之北京奥运会效应，浙江旅游专业化增速急剧下滑，缺口值达到 -0.117。2009 年发生欧洲主权债务危机、甲型 H1N1 疫情以及 7・5 乌鲁木齐暴力事件，同期浙江旅游专业化增速显著回升，不过仍位于潜在趋势下方。2010 年上海世博会促使浙江旅游专业化增速进一步回升。旅游专业化增速攀升至趋势线上方。2013 年人民币急剧升值与严重雾霾天气叠加效应下，浙江旅游专业化增速再次下滑至潜在趋势下方。

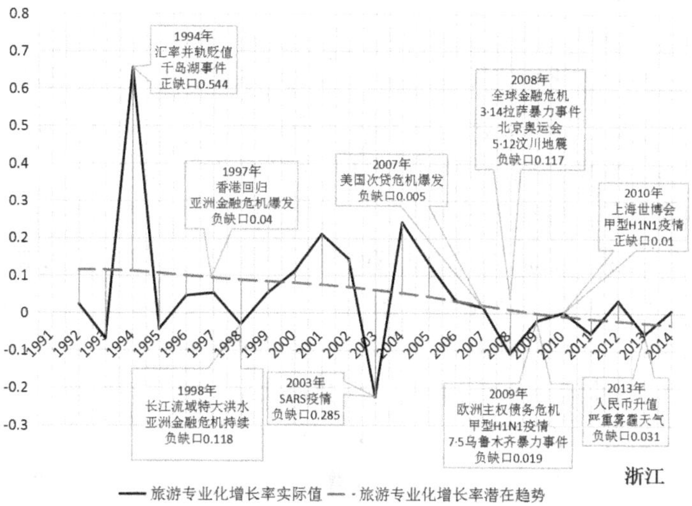

图 6.9　重大事件对浙江旅游专业化增长率的冲击效应

来源：本书研究梳理

比较不同滤波器所得的浙江旅游专业化增长率缺口，发现几点现象：一是两套旅游专业化增长率缺口符号基本一致。除2007年和2009年外，其他年份的旅游专业化增长率缺口符号相同。2007年与2009年分别对应亚洲金融危机、欧洲主权债务危机冲击时段。二是若实际旅游专业化增长率位于潜在旅游专业化增长率下方，则滤波器2所得潜在旅游专业化增长率更接近实际值。如表6.5所示，两套潜在值均小于实际值的年份为1997年、2003年、2008年和2013年。除2003年和2013年受到SARS疫情以及人民币升值冲击外，滤波器2所得旅游专业化增长率缺口绝对值更小。

表6.5　历次重大事件对浙江旅游专业化的冲击效应估值比较

地区	参数	1994	1997	1998	2003	2007	2008	2009	2010	2013
浙江	$\lambda = 100$	0.544	-0.040	-0.118	-0.285	-0.005	-0.117	-0.019	0.010	-0.031
	$\lambda = 6.25$	0.509	-0.018	-0.092	-0.297	0.005	-0.094	0.005	0.029	-0.041

来源：根据自有数据测算

（二）重大事件冲击广东旅游专业化的特征事实

1994年人民币急剧贬值促使广东旅游专业化增速回升。旅游专业化增速攀升至滤波器所得的潜在趋势线上方，旅游专业化增长率缺口高达0.991。1997年香港回归叠加亚洲金融危机效应，广东专业化增速较上年略有下调仍位于潜在趋势下方。1998年亚洲金融危机影响扩大以及长江流域出现特大洪水汛情，同期广东旅游专业化增速回升，旅游专业化增长率缺口收窄。2003年SARS导致广东旅游专业化增速急剧下滑，骤降至潜在趋势下方，旅游专业化增长率缺口达到-0.243。2007年美国次贷危机使广东旅游专业化增速进一步下滑并且降至潜在趋势下方。2008年美国次贷危机影响扩大为全球金融危机，同时我国举办北京奥运会，国内先后出现3·14拉萨暴力事件和5·12汶川大地震，多项事件叠加效应下广东旅游专业化增速进一步下滑，缺口进一步扩大。2009年爆发欧洲主权债务危机、甲型H1N1疫情和7·5乌鲁木齐暴力事件，广东旅游专业化增速较上年回升，并且升至潜在旅游专业化增长率上方。2010年上海世博会进一步提振广东旅游专业化增速。旅游专业化增速缺口扩大至0.096。2013年人民币急剧升值与国内多地严重雾霾天气叠加效应下，广东旅游专业化增速再次下滑并且位于趋势线下方。

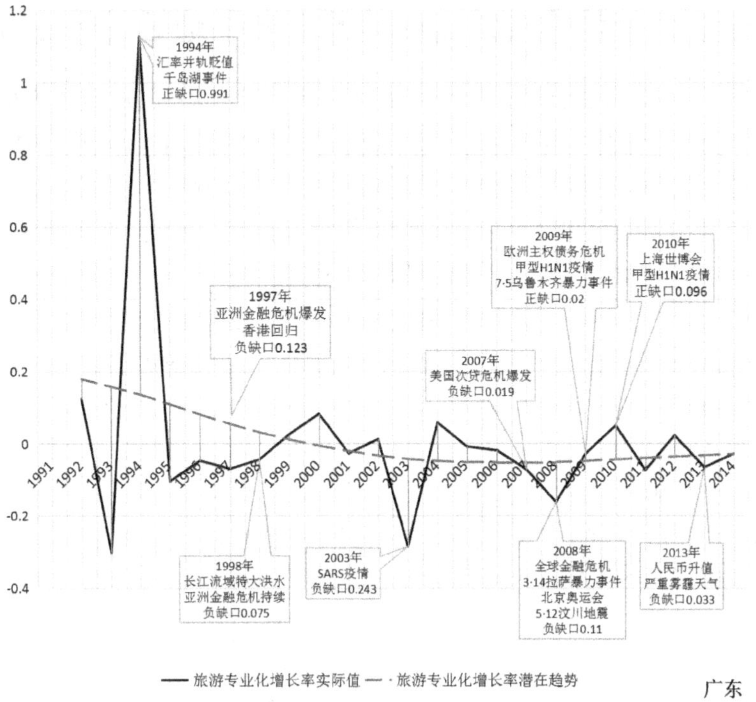

图 6.10　重大事件对广东旅游专业化增长率的冲击效应

来源：本书研究梳理

比较不同滤波器所得的广东旅游专业化增长率缺口，发现几点现象：一是两套旅游专业化增长率缺口方向一致。其中，1994 年和 2010 年旅游专业化增长率出现正缺口；其他年份的旅游专业化增长率均为负缺口。1994 年与 2010 年最具影响的事件分别为人民币快速贬值以及上海举办世博会。二是滤波器 2 所得潜在旅游专业化增长率缺口绝对值更小，即滤波器 2 所得潜在旅游专业化增长率更接近实际值。如表 6.6 所示，除 2013 年受到人民币快速升值和国内部分地区暴发严重雾霾天气冲击外，滤波器 2 所得旅游专业化增长率缺口绝对值更小。

表 6.6　历次重大事件对广东旅游专业化的冲击效应估值比较

地区	参数	1994	1997	1998	2003	2007	2008	2009	2010	2013
广东	$\lambda = 100$	0.991	−0.123	−0.075	−0.243	−0.019	−0.110	0.020	0.096	−0.033
	$\lambda = 6.25$	0.926	−0.099	−0.047	−0.227	−0.015	−0.105	0.017	0.082	−0.037

来源：根据自有数据测算

三、重大事件冲击综合政策改革典型地区的特征事实

1994 年人民币急剧贬值提升了海南旅游专业化增速，后者出现回升，大幅超过潜在旅游专业化增长率（滤波器 1），旅游专业化增长率缺口达到 0.443。1997 年香港回归叠加亚洲金融危机，同期海南旅游专业化增速呈现急剧上升，迅速超过潜在旅游专业化增长率，缺口值为 0.149。1998 年亚洲金融危机影响扩大叠加长江流域特大洪水汛情，同期海南旅游专业化增速回落，旅游专业化增速下滑至趋势线以下，缺口值为 -0.103。2003 年 SARS 疫情影响下海南旅游专业化增速较上年下降，旅游专业化增速持续位于潜在趋势以下且缺口略扩大。

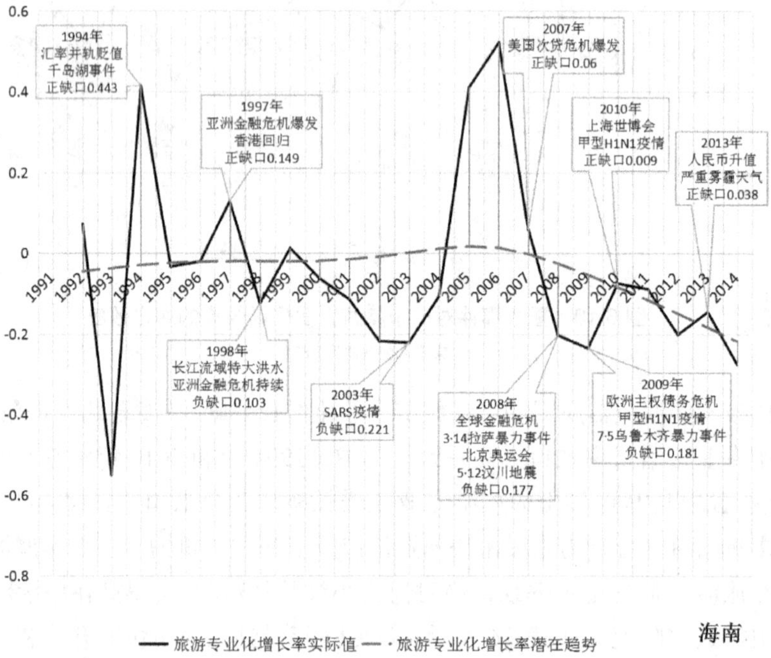

图 6.11 重大事件对海南旅游专业化增长率的冲击效应

来源：本书研究梳理

2007 年美国次贷危机爆发，海南旅游专业化增速急剧下滑，虽仍位于潜在趋势线上方但缺口大幅收窄。2008 年美国次贷危机影响扩大，叠加北京奥运会效应、3·14 拉萨暴力事件和汶川地震的影响，海南旅游专业化增速进一步下滑，降至趋势线下方，旅游专业化缺口达到 -0.103。2009 年爆发欧洲主权债务危机、甲型 H1N1 疫情和 7·5 乌鲁木齐暴力事件，同期海南旅游专业化增速持续下滑，缺口进一步扩大。2010 年上海举办世博会，海南旅游专业化增速得到提振，

并且超过潜在旅游专业化增长率，缺口达到 0.009。2013 年人民币急剧升值与国内多地严重雾霾天气叠加效应下，海南旅游专业化增速持续回升，位于潜在趋势以上，缺口值为 0.038。

比较不同滤波器所得的海南旅游专业化增长率缺口，发现几点现象：一是两套旅游专业化增长率缺口符号基本一致。除 2007 年外，其他年份的旅游专业化增长率缺口符号相同。2007 年主要受到亚洲金融危机的冲击。二是若实际旅游专业化增长率位于潜在旅游专业化增长率下方，则滤波器 2 所得潜在旅游专业化增长率更接近实际值。如表 6.7 所示，两套潜在值均小于实际值的年份为 1998 年、2003 年、2008 年和 2009 年。除 2008 年受到全球金融危机冲击以及承办北京奥运会影响外，滤波器 2 所得旅游专业化增长率缺口绝对值更小。三是实际旅游专业化增长率位于潜在旅游专业化增长率上方年份，前两年滤波器 2 所得潜在旅游专业化增长率更接近实际值，后两年滤波器 1 所得潜在旅游专业化增长率更接近实际值。如表 6.7 所示，两套潜在值均大于实际值的年份为 1994 年、1997 年、2010 年和 2013 年。其中，1994 年和 1997 年滤波器 2 所得潜在旅游专业化增长率缺口值更小，2010 年和 2013 年滤波器 1 所得潜在旅游专业化增长率缺口值更小。

表 6.7　历次重大事件对海南旅游专业化的冲击效应估值比较

地区	参数	1994	1997	1998	2003	2007	2008	2009	2010	2013
海南	$\lambda = 100$	0.443	0.149	−0.103	−0.221	0.062	−0.177	−0.181	0.009	0.038
	$\lambda = 6.25$	0.417	0.123	−0.100	−0.180	−0.026	−0.203	−0.166	0.037	0.062

来源：根据自有数据测算

第七章　旅游专业化冲击传导机制的实证研究

检验中国规律的存在，亟待解决两个问题：一是如何量化开放经济的不确定性特征？二是如何量化并检验开放经济影响的积极性和长期性？对此，本章将分析东部典型地区京沪浙粤琼的旅游专业化冲击传导机制及其特征。风险传导特征是旅游专业化冲击效应及其异质性的重要组成。风险传导分析基于波动数据，后者囊括了旅游专业化变量所有的变动，兼有周期、不确定性及风险等义。ARCH 族类模型为风险传导现象提供计量分析工具，模拟开放经济的不确定性特征及其影响，对开放经济促进发展的中国方案进行检验。

第一节　旅游专业化冲击传导机制的计量模型

一、计量模型的推导与设定

前文指出分离旅游专业化短期波动与长期趋势的计量工具，就要涉及滤波算子的选择。由于数据形式决定对象内涵，HP 滤波算子虽可生成趋势成分与周期成分，但却非本书的占优选择，因为风险及不确定性是文中研究重点，此时“波动”与“周期”并不一致。

尽管，波动与周期往往在经济周期文献中交叉使用，然而，波动指变量中所有的变动，兼有周期、不确定性及风险等义（卢二坡，2007）。区分两者的重要性视研究的具体问题而定，本书关注新息冲击引发的不确定性和风险，由其导致的当期旅游专业化偏离趋势值水平，以及趋势值由此而生的调整，因而，波动成分才是研究对象。有鉴于此，文中采用 ARCH 族类模型刻画含有不确定性和风险等信息的旅游专业化波动，探讨长期趋势成分与短期波动成分的数据生成过程，并获取两者的时间序列。

理想状态下，若旅游专业化增长率恒定，则样本标准差将是旅游专业化波动的合适度量工具，但是影响旅游专业化增长率的冲击频繁地使旅游专业化波动发生变化，必须关注波动一阶矩的时变特征，即不确定性。由此推断误差项的条件方差并非某个自变量的函数,而是随着时间而变化并且依赖于以往误差值。关于此类预测误差的条件方差相关性可用自回归条件异方差模型(Autoregressive Conditional Heteroskedasticity Models,简称ARCH模型)表述。如下式考虑k个变量的回归模型为例:

$$r^{TD}_t=\gamma_0+\gamma_1x_{1t}+\cdots+\gamma_kx_{kt}+u_t \quad (7.1)$$

如果预测误差u_t的均值为零,基于时刻(t-1)信息的期望$E_{t-1}(r^{TD}_t)$如式:

$$E_{t-1}(r^{TD}_t)=\gamma_0+\gamma_1x_{1t}+\cdots+\gamma_kx_{kt} \quad (7.2)$$

式中变量的无条件方差是常数,条件方差却未必,如式所示:

$$\mathrm{var}(r^{TD}_t|R^{TD}_{t-1})=E_{t-1}(r^{TD}_t-\gamma_0-\gamma_1x_{1t}-\cdots-\gamma_kx_{kt})^2=E_{t-1}u_t^2 \quad (7.3)$$

其中,$\mathrm{var}(r^{TD}_t|R^{TD}_{t-1})$表示基于时刻($t$-1)信息集合$R^{TD}_{t-1}$的$r^{TD}_t$的条件方差。出现这种现象,误差项存在自回归结构是原因之一。

假设时刻(t-1)所有信息条件之下,干扰项平方u_t^2服从AR(1)过程,如式:

$$u_t^2=\alpha_0+\alpha_1u_{t-1}^2+z_t \quad (7.4)$$

其中:z_t是白噪声过程,满足式以下方程组:

$$E(z_t)=0 \quad (7.5)$$

$$E(\varepsilon_t\varepsilon_\tau)=\begin{cases}\lambda^2, & t=\tau\\ 0, & t\neq\tau\end{cases} \quad (7.6)$$

此时,上式是扰动项u_t的条件分布式,即u_t服从以0为均值,$\alpha_0+\alpha_1u_{t-1}^2$为方差的条件正态分布。

$$u_t \sim N[0,(\alpha_0+\alpha_1u_{t-1}^2)] \quad (7.7)$$

方差方程(7.4)表示u_t的条件方差由两部分组成:常数项α_0和前一时间点变化量的信息,用前一时间点的残差平方u_{t-1}^2表示,即ARCH项。残差平方项表明若新息绝对值非常大,那么其在未来的时间中也会很大。上述过程的延伸为ARCH(p)过程,即方差方程中有(p+1)个参数α_0, α_1,…, α_p。由于u_t是随机的, u_t^2不可能为负,所以对于$\{u_t\}$的所有实现值,只有$\mathrm{var}(u_t)=\sigma^2=\alpha_0+\alpha_1u_{t-1}^2+\cdots+\alpha_pu_{t-p}^2$是正的,才是合理的。为使协方差平稳,所以进一步要求方程$1-\alpha_0-\alpha_1\varepsilon-\cdots-\alpha_p\varepsilon_p=0$的根全部位于单位圆外。如果都非负,该式等价于$\alpha_0+\alpha_1+\cdots+\alpha_p<1$。

对于绝大多数的p,无限制约束的估计往往违背α_i均为非负的限定条件,而该条件是确保条件方差σ^2恒为正数的条件。对此,常规做法是添加一个相当任意的递减时滞结构,借此保证模型满足上述限定条件,或以一个或两个的滞后值代替许多的滞后值即广义自回归条件异方差模型(generalized autogregressive conditional heteroscedasticity model,缩写为GARCH模型)(Bollerslev, 1986)。

GARCH 模型由两个不同的设定组成,即条件均值方程与条件方差方程。仍以GARCH(1,1)标准模型为例,其结构式如下:

$$r^{TD}_t=x_t\gamma+u_t,\quad t=1,2,\cdots,T \cdots\cdots (7.8)$$

$$\sigma_t^2=\omega+\alpha u_{t-1}{}^2+\beta\sigma_{t-1}{}^2 \cdots\cdots (7.9)$$

上面的公式(7.8)为均值方程,是一个带有误差项的外生变量的函数。式中 x_t 是 $1\times(k+1)$ 维外生变量向量, γ 是 $(k+1)\times 1$ 维系数向量。下面的公式(7.9)是条件方差方程,因其是以前面信息为基础的一期向前预测方差即条件方差。此方程由三部分组成:常数项 ω,前期的波动性信息 $u_{t-1}{}^2$(ARCH 项)以均值方程残差平方的滞后项度量以及前期预测方差 $\sigma_{t-1}{}^2$(GARCH 项)。这种设定将描述如下现象:通过建立旅游专业化增长率长期均值的加权平均(常数),上期的预期方差(GARCH 项)和在以前各期中观测到的关于变动性的信息(ARCH 项)来预测本期的旅游专业化增长率方差。

发展旅游专业化具有厌恶风险的特征,故常态下旅游专业化的预期增长率与预期风险呈反比。对于经济环境而言,推进旅游专业化面临更多的风险必然导致其降低旅游专业化发展速度,即存在一个风险修正项。也就是说,旅游专业化增长率的均值与其方差存在着密切关系。此外,区分正向冲击和负向冲击对预测误差(或波动成分)的影响也是十分必要的。因为,旅游专业化发展速度往往对刺激性信息与抑制性信息的反应具有非对称性。综上,得到门限广义自回归条件异方差均值模型(Threshold GARCH in Mean,缩写 TGARCH-M),由条件均值方程,新息与预测误差的转换式以及条件方差方程组成。

前面给出的 GARCH 模型,其条件均值方程设置隐含着在取样区间内平均风险固定的假设,同时,条件方差方程又限定了条件方差决定于误差项 u_t 的大小而不考虑其符号。因此,为刻画上述两类现象,需在条件均值方程中引入风险修正对旅游专业化增长率的影响;在条件方差方程中增设信息响应的非对称效应。同时,对条件方差方程作指数化处理,以此彻底去除 ARCH 或 GARCH 模型所要求的估计系数必须为正的限制。

综上,旅游专业化长期趋势成分与短期偏离波动成分将以指数自回归条件异方差均值模型(Exponential GARCH in Mean,缩写 EGARCH-M)计量,如方程组所示。模型构建依据可概括为三点:一是鉴于影响旅游专业化的冲击频繁地使其发生变化,因而需要正视并分析旅游专业化波动的不确定性现象,善于捕捉此类特征正是 ARCH 族类模型的优势所在,即以条件方差度量旅游专业化波动风险,其随时间变化且有赖于过去误差的大小;二是面对旅游专业化刺激性信息与抑制性信息,旅游专业化需求的反应强度是否相同,是预测入境旅游政策组合方案效果所必须要了解的内容，其观测可通过 EGARCH-M 模型的非对称项实现；三是因政策信息等冲击而形成的旅游专业化的短期风险状态，会否影响其长期需求趋势，是入境旅游干预政策效应分析的构成要素，借由 EGARCH-M 模型的条件均值方程（7.10）可以实现观测、检验与计量分析。

$$r_{i,\ t}^{TD} = c + \sum_{l=1}^{p} \gamma_{i,\ l}^{TD} \times r_{i,\ t-j}^{TD} + \theta_i^{TD} \times \left(\sigma_{i,\ t}^{TD}\right)^2 + u_{i,\ t}^{TD} \cdots\cdots\cdots\cdots\cdots \quad (7.10)$$

$$u_{i,\ t} = \sigma_{i,\ t} z_{i,\ t} \cdots\cdots\cdots\cdots\cdots\cdots\cdots\cdots\cdots\cdots\cdots\cdots\cdots \quad (7.11)$$

$$\ln\left(\sigma_{i,\ t}^{TD}\right)^2 = \omega_i^{TD} + \sum_{m=1}^{M} \alpha_{i,\ m}^{TD} \ln\left(\sigma_{i,\ t-m}^{TD}\right)^2 + \sum_{n=1}^{N} \beta_{i,\ l}^{TD}\left(\left|z_{i,\ t-n}^{TD}\right| - E\left|z_{i,\ t-n}^{TD}\right|\right) + \sum_{s=1}^{S} \varphi_{i,\ s}^{TD} z_{i,\ t-s}^{TD}$$

$$\cdots\cdots\cdots\cdots\cdots\cdots\cdots\cdots\cdots \quad (7.12)$$

公式（7.10）为条件均值方程，表明旅游专业化趋势变动是自身短期波动风险及其他多方面因素作用的结果。其中，$r_{i,t}^{TD}$ 指 t 时期地区 i 的旅游专业化水平增长率；$\sum p_{l=1}\gamma_{i,l}^{TD} \times r_{i,t-j}^{TD}$ 为自回归滑动平均模型（Autoregressive moving average model，简称 ARMA 模型）过程算子；（$\sigma_{i,\ t}^{TD}$）^{2} 为 t 时期地区 i 旅游专业化增长率的条件方差，其数值越大，说明旅游专业化增长率波动越剧烈；（$\sigma_{i,t}^{TD}$）^{2} 可作为风险的度量，此时 θ_i^{TD} 反映了风险与趋势的关系，θ_i^{TD} 小于零时，意味着旅游专业化趋势将基于风险而进行反向修正，θ_i^{TD} 大于零时，意味着旅游专业化趋势将因风险刺激而进一步上升。常数项 c 是旅游专业化在无风险状态下的走势。

等式（7.10）与（7.11）给出了新息 z_t 的基本内涵与计量表述。公式（7.11）表示新息 $z_{i,\ t}$ 是时间序列 $u_{i,\ t}$ 衍生的干扰项，为白噪音过程。方程（7.10）则给出了 $u_{i,\ t}$ 的含义，即旅游专业化序列回归后产生的残差序列。$z_{i,\ t}$ 之所以称为新息，是因为其生成过程无法由公式（7.12）解释，因而代表了旅游专业化所受冲击中未能预见的部分，是旅游专业化短期波动风险内在不确定性的表现。这种不确定性特点可能导致旅游专业化的条件分布具有比正态分布更宽的尾部，即尖峰肥尾特征。上述推测是否合理？本书将通过广义误差分布检验参数 v 值来判断：若 $v<2$，可推断密度较正态分布具有更厚的尾部，即推测成立。

方程（7.12）为条件方差方程，刻画了旅游专业化短期波动的动态特征：旅游专业化条件均值方程（7.10）的误差项 $u_{i,\ t}$ 的条件方差（$\sigma_{i,\ t}^{TD}$）^{2} 随时间变化且有赖于过去误差的大小。该式右侧首项为 GARCH 项，设置该项可降低方程中出现过多的 $z_{i,\ t}$ 滞后项；第二、三项分别为 ARCH 项与非对称项，均对应新息冲击。新息冲击有正负方向之分，且两种冲击方向产生的旅游专业化波动响应幅度或有不同。一旦检验结果显示两类冲击产生的响应幅度确有差异，则表明存在非对称性特征，此时方程（7.12）中对应的变量参数传达的信息也将有别。

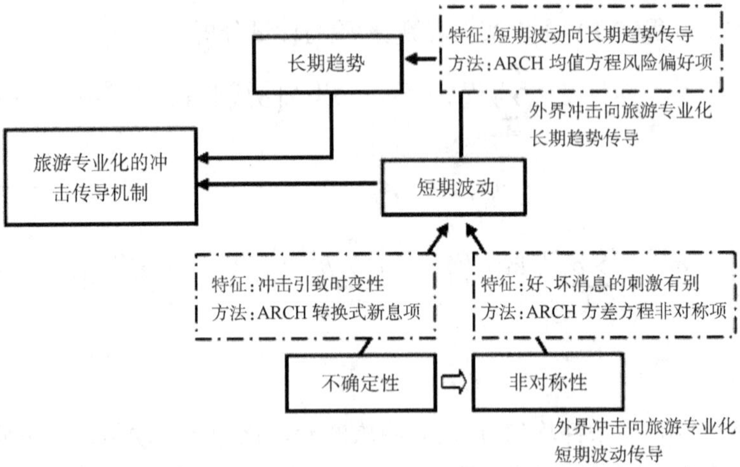

图 7.1　旅游专业化升级的冲击传导机制

来源：作者研究梳理

图 7.1 刻画了 EGARCH-M 模型与旅游专业化升级冲击传导机制，所涉关键问题如下：（1）旅游专业化增速时间序列是否存在 ARCH 效应，即 ARCH 族类模型是否有效是判断冲击是否影响波动的依据，即关键问题一的答案。（2）面对正冲击与负冲击，旅游专业化增速波动的反应强度可能不同。方程（7.12）描述了冲击效应向旅游专业化增速波动传导的过程。其中，非对称项系数是否为零是判断非对称效应存在与否的依据。若非对称项系数不为零，其系数符号是判断不同冲击影响更强的依据：$\beta_{i,l} < 0$，不利冲击对旅游专业化增长率波动的影响强于利好冲击的影响；$\beta_{i,l} > 0$，不利冲击对旅游专业化增长率波动的影响弱于利好冲击的影响。两者结论共同组成了关键问题二的答案。（3）冲击导致旅游专业化增速短期波动，其影响经后者向长期趋势传导。后者是旅游专业化升级冲击传导机制的关键环节，由 EGARCH-M 模型的条件均值方程（7.10）来刻画。其中，波动项系数是否为零是传导效应存在与否的依据。若波动项系数不为零，其系数符号是否为正是判断冲击能否促进旅游专业化升级的依据：θ_i<0，旅游专业化增长率的长期趋势与短期波动呈反向变动，波动越大，长期增长越慢；θ_i>0，旅游专业化增长率的长期趋势与短期波动呈同向变动，波动越大，长期增长越快。两者结论共同组成了关键问题三的答案。

二、参数的统计特征与理论解释

旅游专业化波动－趋势模型是对旅游专业化时间溢出机制的描述。旅游专业化波动－趋势模型以 ARCH 项描述上期风险波动（短期记忆）与当期风险波动之间的关系，以 GARCH 项描述过往所有风险波动（长期记忆）与当期风险波动之间的关系。均值方程描述风险波动与趋势值之间的关系则主要反映了短期向长期的溢出效应。

（一）条件均值方程与风险参数

条件均值方程（7.10）通过描绘期望趋势 $r_{i,t}^{TD}$ 与波动率度量（$\sigma_{i,t}^{TD}$）^{2} 之间的抵消关系，揭示出风险溢价 $\theta_i^{TD}\times(\sigma_{i,t}^{TD})^2$ 随时间变化的动态特征。前面指出，θ_i^{TD} 符号可以提供判断风险是存在反向修正的作用，还是表现为正向溢价特点。这建立在 θ_i^{TD} 统计显著的基础之上，即条件方差（$\sigma_{i,t}^{TD}$）^{2}（波动率）确实对风险溢价有所影响。此外，作为速度反馈因子，θ_i^{TD} 统计显著，还传达了以下信息：风险溢价 $\theta_i^{TD}\times(\sigma_{i,t}^{TD})^2$ 在相对不稳定的时期和相对稳定的时期可能不同。

只有持续的条件方差（$\sigma_{i,t}^{TD}$）^{2}（波动率）改变才会对溢价的调整起作用，故而波动率波动的持续程度是确定旅游专业化趋势和波动率之间联系的重要因素。既有文献以 ARCH 项与 GARCH 项系数之和来度量波动的持续程度。同理，条件均值方程（7.10）中，旅游专业化趋势受溢价调整，而风险溢价在不同的时间可能不同。

需要指出的是，此处以 ARMA 过程替代外生变量对旅游专业化增长率的影响。尽管，旅游专业化增长率可能受到来自多种因素的影响，如旅游资源禀赋、产业结构、经济增长速度等因素的影响，不过，时间序列分析内含以下假设，即所有其他信息均最终反映为序列自身的变化，故而条件均值方程未考虑其他解释变量，而以 ARMA 过程来反映。事实上，以 ARMA 项替代外生变量建立的条件均值过程将作为基准情景，供特定外生变量影响重要程度判断之用。

（二）新息方程及其分布参数

新息过程是无法在条件方差方程式（7.12）中得到解释的部分，因此是预期不到的新信息的一个度量。故而，不同地区的新息过程的分布差异，反映出经济环境内在不确定性不同，是彼此波动性差异的根源。

那么，如何更准确地描述时间序列 u_t 分布的特征呢？就 GARCH 类模型的残差分布而言，一般有 3 个备择假设，即正态（高斯）分布，学生 t 分布和广义误差分布（缩写 GED）。其中，广义误差分布的参数取特定值时，该分布退化成正态分布，于是被视作正态分布的一般形式。其用两个参数来定量表示分布的高峰厚尾特征，抑或分布偏离正态分布的程度，比较灵活。事实上，经济及金融时间序列的条件分布往往具有比正态分布更宽的尾部。考虑到旅游专业化与宏观经济关系密切，本书假设旅游专业化增长率时间序列也可能具有上述特征，即高峰厚尾现象。

故而，以能否更准确地刻画高峰厚尾分布特征为标准，广义误差分布无疑较正态分布与学生 t 分布更优。综上所述，z_t 服从零均值和单位方差的广义误差分布的标准新息过程，密度函数由式（7.6）确定。其中 $\Gamma(\cdot)$ 为伽马函数，λ 为常数，$\lambda=\{[2^{-2/v}\Gamma(2/v)]/\Gamma(3/v)\}^{1/2}$，$v$ 是一个正的参数，调节广义误差分布的形状，决定尾部厚度。对于 $v=2$，$\lambda=1$，（7.6）式即退化为标准正态分布；若 $v<2$，可推断密度较正态分布具有更厚的尾部；若 $v>2$，则具有更薄的尾部。至此，高峰厚尾特征得到了定量表示。

如前所述，新息过程的分布差异是原时间序列波动性差异的根源。因此，量化高峰厚尾特征后，即可着手分析各地区旅游专业化增长率波动性的差异。

不过，在此之前有必要交代新息高峰厚尾分布特征的现实含义，以便从直观上理解后述分析内容。新息过程的分布具有高峰厚尾特征，说明出现集中而强烈的新信息冲击的概率要大于正态分布假设下发生相同事件的概率，其分布的高峰厚尾特征越明显，偏离正态分布越远，出现集中强烈新息冲击的可能性也就越大。

（三）条件方差方程和长、短记忆参数

方程（7.12）反映条件方差将因长期记忆信息与短期记忆信息而不断变化。式中第一项为 GARCH 项，因允许所有滞后项对自变量施加影响，故被视为长记忆；第二项为 ARCH 项，因限定了有限个滞后因子，被视为短记忆。如前所述，EGARCH 模型中 ARCH 项系数估计值 $\Sigma\beta$ 可刻画波动的冲击持续性。因为，式（7.12）左侧是对数，等式右侧无论正负，作为左侧的反对数，σ_t^2 总是正的。其实，参数 $\Sigma\beta$ 还被用以解释旅游专业化增长率的聚集倾向，如果 $\Sigma\beta>0$，$|Z_{t-1}|$ 与其期望值的偏离将导致 u_t 较大的方差，即较大的增长出现之后预期随后出现大的增长，而较小的增长出现之后预期随后出现小的增长；如果 $\Sigma\beta<0$，$|Z_{t-1}|$ 与其期望值的偏离将导致 u_t 较小的方差。参数 $\Sigma\varphi$ 在模型中引入了对信息的非对称性反应，当 $\Sigma\varphi$ 为 0 时，正负冲击对 σ_t^2 的影响是相同的，但如果 $\Sigma\varphi\neq 0$ 时，则面对正负冲

击时将出现非对称现象：如果 $\Sigma\varphi>0$，有利消息的影响程度更深；如果 $\Sigma\varphi<0$，不利消息的影响程度更深。

事实上，地区旅游专业化增长率波动性差异原因主要归结为两点，一是新息冲击本身，二是经济环境对新息冲击的吸收能力。前者强调新息的集中到达。后者特指新息冲击出现以后，参与方偏好有别，环境需要时间来消化和吸收新息，以对旅游专业化增长率趋势进行重新估计，消除预期差异从而引起旅游专业化增长率波动。综上，旅游专业化增长率呈现较高的波动性，既可能起因于集中而强烈的新息冲击，也可能归因于环境对新息冲击吸收能力的差强人意，即两方面因素共同决定了旅游专业化增长率的波动。

第二节　旅游专业化冲击传导机制的实证检验

一、统计特征分析

借助统计参数揭示隐含在旅游专业化增长率时间序列下更为深刻的特征信息。此类特征判断正是探索数据本质规律的倚仗。本部分旨在讨论波动序列的自相关模式及其衍生特征，而讨论波动成分的自相关传导模式，其前提是序列必须存在自相关。此外，文中借以模拟自相关传导的数理计量模型及其检验假设只在特定范畴内有效——仅适用于平稳数据，即序列不存在单位根的情况。前提不成立时，使用计量模型的结果将导致伪回归，其统计结论不具效力。故而，辨认上述两类特征，是运行旅游专业化增长率波动溢出模型的前提。最后，还需考虑旅游专业化增长率序列的分布特征，其直接反映波动性的不确定性状况，由于已在模型参数部分介绍，此处不再赘述。

基于旅游专业化增长率序列的误差正态性检验 (Jarque-Bera，简称 JB)，可以初步判断其分布特征：若旅游专业化增长率序列服从正态分布，则其偏度统计量为 0，峰度为 3，JB 统计量服从自由度为 2 的 χ^2 分布即 $\chi^2(2)$；若偏度和峰度信息计算所得 JB 统计量超过 $\chi^2(2)$ 的临界值则拒绝原假设，即序列不呈正态分布。就后者而言，当偏度大于 0 时，序列右偏，小于 0 时为左偏；若其峰度大于 3 即序列具有尖峰肥尾特征，小于 3 则分布形状较扁平。表 7.1 显示，东部 5 个省级行政区旅游专业化增长序列右偏，峰度大于正态分布值，且 JB 正态检验统计量远大于临界值，从而拒绝正态分布假设，具有尖峰厚尾特征。

测算旅游专业化增长率的 Ljung Box Q 统计值，检验序列自相关性结果如表 7.1 所示。

表 7.1 旅游专业化增长率序列的基本统计特征

地区	均值	标准差	偏度	峰度	JB 统计量	Q(15) 结构	ADF 检验值	
北京	-0.048	0.247	2.292	9.609	61.997	10.897	(0,0,0)	-5.053***
上海	0.009	0.193	1.668	6.683	23.662	8.739	(0,0,0)	-7.325***
浙江	0.05	0.167	2.044	8.81	48.367	11.718	(0,0,0)	-5.102***
广东	0.007	0.264	3.388	15.529	194.441	6.342	(0,0,0)	-6.434***
海南	-0.046	0.241	0.721	3.718	2.485	7.308	(0,0,0)	-3.135***

来源:根据自有数据测算

注:旅游专业化增长率基本统计特征包括样本统计特性、相关统计特征和 ADF 单位根检验的平稳性特征。偏度反映序列分布的对称性;峰度反映序列分布的巅峰性或平坦性;JB 为检验序列是否服从正态分布的检验统计量;Q(15)为直到滞后 15 期不存在自相关的零假设的检验统计量;(0,0,0)中的第一个 0 表示不含有截距项,第二个 0 表示不含趋势项,第三个 0 表示滞后阶数;*** 为序列在 10%、5% 和 1% 的显著水平下都拒绝具有单位根的假设,即变量序列在 3 种显著水平下是平稳序列。

Q(15)统计结果显示,在 5% 显著性水平下,旅游专业化增长率序列及其平方拒绝了原假设,即存在自相关。由此可知,旅游专业化增长率序列的条件均值方程可考虑 ARMA 过程,同时,亦间接反映了序列具有条件异方差性,即具有异方差且各期方差之间存在相关性。如前所述, EGARCH 模型本质上是方差的 ARMA 过程,旨在刻画时间序列的条件异方差性,只适用于平稳序列,即序列不可存在单位根现象,否则将导致伪回归。有鉴于此,对序列作单位根检验 (Augmented Dickey-Fuller Test,简称 ADF 检验),拒绝原假设,不存在单位根。

二、模型有效性检验

应用极大似然法(Most-Likelihood)对旅游专业化溢出模型进行回归,得参数的最大似然估计值。对序列的参数分别进行估值,估值结果见表 7.2。回归不显著的参数估计值将不再列入表中。为直观起见,条件均值方程及条件方差方程的各系数符号直接用相应解释变量的符号代替。如表 7.3 所示,涉及研究重点问题的解释变量系数估计值均统计显著,模型设定符合研究要求。根据平方残差的 Q 统计量(Ljung-Box Q 统计量,简称 LB 检验)分别检验 z_{it}(i=1, 2, 3, 4, 5)及其平方序列,发现 Q 统计量与 Q^2 统计量均不显著,说明 z_{it} 服从广义误差分布。用拉格朗日乘子法 (Lagrange Multiplier,简称 LM 法) 检验 z_{it} 的异方差性,结果显示均不存在明显的异方差，ARCH 现象已被消除。因此，EGARCH-M 模型修正了扰动项 u_t 序列相关及异方差现象。

综合检验结果可知，EGARCH-M 模型设定及广义误差分布假设适用于所选东部 5 个省级行政区的旅游专业化增长率序列。其中，EGARCH-M 回归参数的系数估计结果指出，旅游专业化增长率波动溢出模式较为多元，各维度特征组合后信息较为繁杂；作为波动不确定性差异的本质，广义误差分布统计量的分布相对集中，表明所观察的 5 个省级行政区的旅游专业化波动不确定性水平集聚在较窄的区间内。为整体上把握旅游专业化波动溢出特征，需对特征组合进一步整理归纳，这也是进行特征区域分布分析的前提。

表 7.2　旅游专业化增长率波动效应检验

地区	h_t	$\lvert u_{t-1}/\sigma_{t-1}\rvert$	u_{t-1}/σ_{t-1}	$\ln(\sigma^2_{t-1})$
北京	0.44(0.469)	0.142(0.506)	0.034(0.257)	0.1(0.121)
上海	0.235(0.106)	0.149(0.155)	0.053(0.102)	0.067(0.018)
浙江	0.143(0.328)	0.459(0.277)	0.299(0.263)	0.045(0.042)
广东	2.384(0.108)	0.004(0.091)	-0.019(-0.102)	0.066(1.012)
海南	0.638(0.413)	0.294(0.362)	-0.199(-0.37)	0.099(1.414)

来源：根据自有数据测算

注：括号内数值表示系数估计值对应的 z 统计量数值；h_t 为波动风险－趋势溢出项，其系数衡量预期风险波动对均值的影响程度，体现了人们在风险与用能之间的权衡决策；u_{t-1}/σ_{t-1} 为非对称项，其系数不为零则存在非对称性，小于零则具有杠杆效应。

表 7.3　旅游专业化冲击传导模型的有效性检验

地区	v	Q15	Q'15	Likelihood	ARCH-LM
北京	0.735(2.326)	8.206	4.531	23.784	0.641
上海	235.595(0.022)	12.826	29.836	20.111	1.999
浙江	1.026(1.553)	9.324	5.438	22.933	0.207
广东	0.349(1.715)	6.698	4.35	23.143	1.174
海南	0.464(1.433)	13.445	13.719	10.792	0.569

来源：根据自有数据测算

注：括号内数值表示系数估计值对应的 z 统计量数值；Q15、Q'15 分别表示残差序列和残差绝对值序列滞后 15 期的 Ljung-Box Q 统计量；ARCH-LM 检验所列为 p 值。

根据上述测算结果整理得到东部 5 地旅游专业化波动时间溢出特征分类图。从时间溢出特征分类图来看两种类型覆盖了 5 个地区的所有类型。就北京市而言，短期未预期的有利消息冲击所产生的影响比不利消息冲击对旅游专业化造成的影响更为深刻。该地区存在明显的短期波动的聚集性，即旅游专业化较大幅度的增长出现之后往往预期其后出现大的增长，而较小的增长之后一般预期随后出现小的增长。上述短期波动对其长期趋势具有积极正向的影响。上海市与浙江省的时间溢出特征与北京市类似。

就广东省而言，短期未预期的不利消息冲击所产生的影响比有利消息冲击对旅游专业化造成的影响更为深刻。该地区存在明显的短期波动的聚集性，即旅游专业化较大幅度的增长出现之后往往预期其后出现大的增长，而较小的增长之后一般预期随后出现小的增长。上述短期波动对其长期趋势具有积极正向的影响。海南省旅游专业化时间溢出特征与其类似。

需要说明的是，基于 EGARCH-M 模型的省级行政区旅游专业化波动溢出特征分析及分类，主要基于具有明确内涵的参数估计结果，即反映波动 - 趋势溢出特征的风险溢出参数系数，刻画波动 - 波动溢出特征的 ARCH 项参数系数以及区分利好新信息与不利新信息反应的非对称项参数系数。对于含义尚待明确的常数项及 ARMA 项并不作为分类的依据。此外，广义误差分布检验参数虽作为新息分布的重要依据，但其价值在于揭示各地区频现的非典型新息现象差异，所以亦不作为溢出特征分类的依据。

第三节　旅游专业化的冲击传导特征与模式

一、事件冲击及其短期响应特征

（一）冲击的分布特征分析

为实现旅游专业化升级目标，应对当地入境旅游市场和宏观经济的复杂性有所了解，即旅游专业化波动受到新息 $Z_{(t,ef_i^e)}$ 冲击的频繁程度和集中程度。如前所述，该特征可由统计量 v 的数值观察。检验结果显示 $v \in (0,\ 2)$，各地旅游专业化新息 $Z_{(t,ef_i^e)}$ 服从广义误差分布。

如前所述，统计量 v 被设计以反映新息过程 z_t 的广义误差分布形状，其值大小决定尾部厚度。由模型运行结果知，北京、浙江、广东和海南等地旅游专业化增长率 EGARCH-M 过程衍生的新息 z_t 满足 $v<2$，相对于正态分布均具有更厚的尾部；上海旅游专业化增长率 EGARCH-M 过程衍生的新息 z_t 满足 $v>2$，相对于正态分布均具有更薄的尾部。因为，新息 z_t 为白噪音过程，反映旅游专业化增长率波动的内在不确定性特征，统计量 v 向左偏离基准点（$v=2$）越远，即数值越小，表明地区旅游专业化增长率波动的内在不确定性越高，其承受集中而强烈的新信息冲击的可能性也就越大；统计量 v 向右偏离基准点（$v=2$）越远，即数值越大，表明地区旅游专业化增长率波动的内在不确定性越低，其承受集中而强烈的新信息冲击的可能性也就越小。

由于北京等 4 个东部省级行政区统计量为正数且检验结果均在基准点以下，即限制在区间 0~2 之间，下面将对上述地区的 v 值排列特征进行梳理。根据广义误差分布统计量数值由小至大，排列样本 4 个省级行政区新息分布形状的尾部厚度如下：广东、海南、北京和浙江。根据小数点后第一位数值对计量 v 划分梯度区间：广东与海南的数值在 0.4 左右，北京的数值在 0.7 附近，浙江的数值在 1 以上。其中，广东新息过程的广义误差分布统计量 v 值最小，其偏离正态分布最远，尖峰厚尾特征最显著。如前所述，新息分布的尖峰厚尾越明显，其不确定性越大，遭受集中而强烈的新信息冲击频繁性更高。

因此，广东旅游专业化波动的内在不确定性在东部样本地区中最高，其遭受集中而强烈的新息冲击可能性也最大。与之相反，浙江新息过程的广义误差分布统计量 v 值最大，其偏离正态分布的程度相对而言最为微弱，因此可以认为不论是该地旅游专业化波动的内在不确定性还是其遭受集中而强烈的新息冲击的可能性均是 4 个观察地区之中最小的。遭受未预期冲击更为频繁且集中的行政区，影响甚至决定当地旅游专业化的因素较难预见，使得当地实施旅游专业化升级的阶段性目标时需要应对的情况更加不确定。故而，在此类地区推行旅游专业化升级战略时，其完成情况更难保证。

（二）冲击的波动响应特征分析

地区旅游经济与宏观经济对新息冲击的吸收能力，是新息冲击之外，又一决定旅游专业化增长率波动性差异的重要原因，影响着地区旅游专业化升级预期。新息冲击吸收能力与冲击持续性相对，新息冲击吸收能力愈强则当地冲击持续性愈弱，反之则反。如前所述，新息吸收能力呈现差异，源自偏好有别，经济环境需要时间以消化吸收新息，对旅游专业化趋势重新估计，消除预期差异从而引起旅游专业化增长率波动。其中，ARCH 项描述当地市场消化利好新息冲击的状况，而 ARCH 项与非对称项之和描述当地市场消化不利新息冲击的状况。

为直观呈现地区旅游专业化市场吸收新息冲击的差异绘制各地冲击响应曲线图（图 7.2）。冲击曲线，即在保持 t-1 期之前的信息不变的条件下，反映旅游专业化波动 σ_t^2 及新息冲击的一阶滞后项 z_{t-1} 之间关系的曲线。

为便于理解这些曲线图，本书强调以下事项：（1）信息冲击曲线不仅表达了以往信息和当前波动的关系而且衡量了新冲击是如何被纳入并影响旅游专业化波动的；（2）考虑了非对称性的信息冲击曲线则呈现出正向信息与负向信息引发非对称冲击：远离原点时一侧较另一侧上升得更快。简言之，新信息在某侧表现的冲击力更大。

非对称项 u_{t-1}/σ_{t-1} 系数不为零，表明这些地区均存在非对称性效应。其中，广东和海南对应系数值小于零且显著，即两地存在不利消息的影响程度较之有利消息的影响程度更加深刻的现象；北京、上海及浙江对应系数值大于零且显著，指出三地存在有利消息的影响程度较之不利消息的影响程度更加深刻的现象。

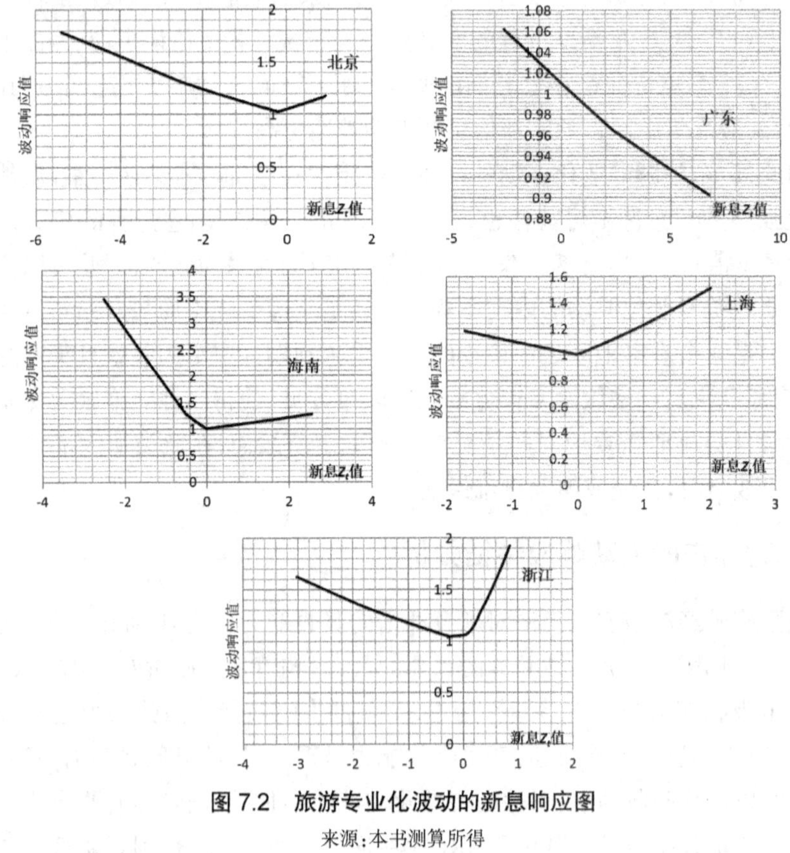

图 7.2　旅游专业化波动的新息响应图

来源：本书测算所得

模型中 ARCH 项属于短期记忆，刻画波动的冲击持续性，即当地经济环境

对新息冲击的吸收能力。如图 7.3 所示，EGRARCH 中北京、上海、浙江、广东、海南的 ARCH 项 $|u_{t-1}/\sigma_{t-1}|$ 系数大于零，表明上述地区旅游专业化存在明显的波动集群性，即较大的增长之后往往预期其后出现大的增长，较小的增长之后预期其后出现小的增长。

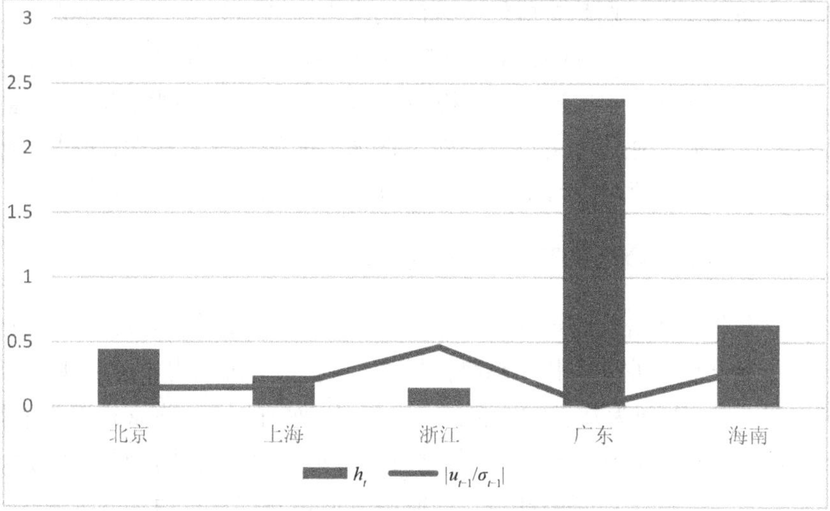

图 7.3　短期波动集聚效应与风险偏好分布

来源：作者测算所得

二、冲击对旅游专业化发展趋势的影响

（一）冲击效应下波动对趋势的影响分析

建设旅游强国大趋势下地区推进旅游专业化发展目标，重点关注未来指向的政策目标实现的可能性，即通过当期政策引发波动进而引导长期趋势上升。那么，掌握地区波动－趋势溢出特征就成为了政策预期实现的基础：哪些地区短期波动风险将导致长期趋势下调，哪些地区能源消费波动反致其趋势上扬。此外，风险修正力度还指出短期波动性将通过乘数效应对长期趋势进行调节。因而，掌握上述信息，有助于建立合理政策预期，对旅游专业化升级做出科学判断，同时也有利于从总体上把握，对不同区域实施强度有别的干预措施。此处，归纳旅游专业化波动－趋势溢出特征的地区分布特点，可供此类决策的形成提供判断信息。省级行政区旅游专业化的波动－趋势溢出特征区域分布集聚于正向溢出维度，即北京、上海、浙江、广东和海南均具有正向波动－趋势溢出现象。就 EGARCH-M 模型结果来看，地区短期波动向长期趋势溢出的强度（溢出系数绝

对值)由大至小分别是广东、海南、北京、上海、浙江(图 7.3)。广东省强度最大为 2.384,与其他地区影响强度相差较大且为正向溢出。

综合上述分析结果可知:东部 5 个省级行政区主要集中在短期波动风险对长期趋势的正向调整范围内,即波动 - 趋势溢出系数符号为正;绝大多数行政区的短期波动风险对长期趋势所能实现的调整力度区间为 0.1~0.7,即波动 - 趋势溢出参数的系数绝对值区间为 0.1~0.7。由上述特点可以推断以下结论:提升相关省级行政区旅游专业化长期增长趋势,实施旅游专业化刺激措施,须注意实现省级行政区旅游专业化年度增长率较上期增长率的差异足够大,即提高地区旅游专业化增长率的短期波动性,可以促进旅游专业化发展的远景目标。

(二)冲击对趋势影响的全时域特征分析

旅游专业化冲击响应传导特征分析旨在观察反思政策实践:一是冲击效应下旅游专业化短期波动向长期趋势传导的特点;二是短期内旅游专业化如何响应冲击或干扰,表现为新息响应模式。从冲击效应的传导特征分类图来看,波动 - 趋势与波动 - 波动同为正数,传导过程中地区旅游专业化所受冲击的作用方向不会发生改变。利好事件对当地旅游专业化不仅具有短期刺激效果,而且将提振其长期走向。反之则反,利空事件对当地旅游专业化的负面影响,不止是短期损失,还会危害其长远发展。

就广东省与海南省旅游专业化而言,负面冲击响应较利好冲击更剧烈,其表现如下:短期波动风险的加剧,将导致长期趋势上升,即旅游专业化波动加剧,将提升旅游专业化的长期趋势;同时,基于过往旅游专业化的波动经验,当地倾向于认为短期内波动风险将不断加剧;此外,需要注意的是,相对于旅游专业化的利好信息,负面信息将刺激当地旅游专业化波动更加剧烈。

就北京市、上海市与浙江省旅游专业化而言,利好冲击响应较负面冲击更剧烈,其表现如下:短期波动风险的加剧,将导致长期趋势上升,即旅游专业化波动加剧,将提升旅游专业化的长期趋势;同时,基于过往旅游专业化的波动经验,当地倾向于认为短期内波动风险将不断加剧;此外,需要注意的是,相对于旅游专业化的负面信息,利好信息将刺激当地旅游专业化波动更剧烈。

三、旅游专业化冲击传导模式的异同

京沪浙粤琼五地旅游专业化发展并不畏惧外界干扰,冲击被成功转化为未来旅游专业化升级的动力(参见表 7.4)。比较冲击促进旅游专业化升级的两类模式发现:尽管两者代表地区面对的外界环境和传导模式不同,但是以入境旅游为代表的服务贸易出口占比增速的大起大落将刺激入境旅游服务贸易出口地位不断提升。北京、上海与浙江凭借利好的东风迅速提高当下旅游服务贸易出口占比增速并将其固化为未来旅游专业化升级的动力。广东和海南以务实求变走出困境，将不利环境对当下旅游服务出口贸易出口占比增速造成的不利影响转变为新动力倒逼旅游专业化升级。

表 7.4　旅游专业化冲击传导机制的阶段特征

地区	新息冲击阶段	波动响应阶段		趋势调整阶段
	不确定性高低	响应的非对称性	响应的持续性	波动溢出特征
北京	3	利好冲击响应强	存在波动集群	风险有利于专业化提升
上海	5	利好冲击响应强	存在波动集群	风险有利于专业化提升
浙江	4	利好冲击响应强	存在波动集群	风险有利于专业化提升
广东	1	不利冲击响应强	存在波动集群	风险有利于专业化提升
海南	2	不利冲击响应强	存在波动集群	风险有利于专业化提升

来源：自有资料整理

注：不确定性由高至低排序为广东、海南、北京、浙江、上海。

因此，就开篇所提出问题而言：外界环境大起大落，旅游业作为战略支柱产业，其重要组成部分入境旅游的抗打击力和成长性如何？本书给出了肯定答案——面对冲击，五地能把握住机遇，抗住困难，在大起大落中依然保持不断成长的产业韧性。

（一）冲击促进旅游专业化升级模式的不同特征

以广东与海南为代表的逆势升级模式。两地旅游专业化增长率波动加剧将大幅提升其长期增长趋势。测算结果显示，控制其他因素不变时，广东旅游专业化增长率波动幅度 $\sigma_{i,t}^2$ 扩大 1 个单位将导致旅游专业化增长率趋势值上调 2.384 个单位，海南旅游专业化增长率波动幅度 $\sigma_{i,t}^2$ 扩大 1 个单位将导致旅游专业化增长率趋势值上调 0.638 个单位。同时，因为存在非对称性，旅游专业化增长率波动成分对其趋势成分的影响，还会因波动来源信息类型的不同而有所差别：不利信息冲击下的当地旅游专业化增长率波动幅度相较有利信息冲击更大。上述特征表明两个地区不仅利用利好冲击带来的波动性创造增长，更善于在危机中寻找转机，充分利用不利冲击倒逼旅游专业化升级。

以北京、上海与浙江为代表的顺势升级模式。三地旅游专业化水平短期波动的加剧,将提振其长期增长趋势。测算结果显示,控制其他因素不变时,北京旅游专业化增长率波动幅度 $\sigma_{i,t}^2$ 扩大 1 个单位将导致旅游专业化增长率趋势值上调 0.44 个单位,上海旅游专业化增长率波动幅度 $\sigma_{i,t}^2$ 扩大 1 个单位将导致旅游专业化增长率趋势值上调 0.235 个单位,浙江旅游专业化增长率波动幅度 $\sigma_{i,t}^2$ 扩大 1 个单位将导致旅游专业化增长率趋势值上调 0.143 个单位。同时,因为存在非对称性,旅游专业化增长率波动成分对其趋势成分的影响,还会因波动来源信息类型的不同而有所差别:不利信息冲击下的当地旅游专业化增长率波动幅度相较有利信息冲击更小。上述特征表明当地充分发挥利好冲击对旅游专业化水平的快速带动作用,实现旅游专业化水平短期增长向长期升级转变。

(二)冲击促进旅游专业化升级模式的共同特征

以风险偏好来表征冲击对旅游专业化升级的促进效应。风险偏好数值越大,促进效应越显著。通过比较两类升级模式发现,促进效应强度的关键在于冲击促进旅游专业化升级模式本身,其次是两类冲击效应之间的差异程度。

比较不同类型升级模式之间的非对称性与风险偏好之间的联系特征。就风险偏好来看,逆势升级模式普遍强于顺势升级模式,前者旅游专业化增长率短期波动对长期趋势的影响均超过了后者的同类影响。如果不同升级模式之间的风险偏好与两者的非对称性有关,那么,逆势升级模式与顺势升级模式之间的差异在于方向而非强度。综上,逆势升级模式与顺势升级模式相比,冲击对旅游专业化升级的促进效应更强。逆境激发的升级比顺境带来的升级更为强劲。

观察同一升级模式不同地区的非对称性与风险偏好的关系。逆势升级模式中,海南具有更强的非对称性。同样是标准单位新息冲击,不利新息较有利新息将激发更为持续的波动性。这种波动响应差异比广东更明显。与此相反,海南具有更低的风险偏好。标准单位短期波动对长期趋势的影响弱于广东。顺势升级模式中,根据旅游专业化短期波动的非对称系数值与其风险偏好系数值分别排序,所得排序结果恰恰相反。前者由强至弱依次是浙江、上海、北京,后者由大至小依次为北京、上海、浙江。综上,同一升级模式中非对称性越显著的地区,风险偏好越小。因此,就同一升级模式而言,促进效应与冲击向旅游专业化短期波动传导环节的非对称性程度相反,更强的促进效应对应着更弱的非对称性。

第八章　结论

开展中国方案的理论研究既是大课题又是新任务。在旅游服务贸易领域，本书只是一项初步的探索：旨在围绕中国方案的创造性观点，深化国内外相关经济理论研究，得出统计学证据支撑。理论分析表明，西方经济周期理论、两国模型理论等可以成为中国方案的理论补充，是理解开放经济对旅游专业化冲击效应的本质、核心概念及关键假说的重要途径。案例和统计分析揭示了京沪浙粤琼“坚持推进开放”的策略与路径，整体效果与主要差异，以及受到典型事件的影响具有高强度和持续性的特征。实证结果表明，开放经济的不确定性不仅内化为京沪浙粤琼等地旅游专业化发展的一部分，而且成为促进当地旅游专业化升级不可忽视的力量。对以上内容的展开构成了本书的主要内容。

一、开放经济对旅游专业化冲击效应的理论内涵

本书提出“异质性”假说，进而展开开放经济对旅游专业化冲击效应的理论研究。“异质性”假说指旅游专业化经济效应的异质性，包括空间异质性与时间异质性。旅游专业化经济效应的异质性指旅游专业化与经济增长关系的多种可能结果，由此引申出旅游专业化异质性。异质性指旅游专业化变动是旅游服务贸易出口与经济增长关系的多种可能结果。本书重点分析以下互为对立关系的旅游专业化异质性现象：（1）旅游服务贸易出口额与国内生产总值均发生变化，两者相互影响且前者引致后者；（2）旅游服务贸易出口额与国内生产总值均发生变化，两者相互影响但后者引致前者。

借助重大国际事件，即国际金融危机事件与国际赛事、会展事件，分析旅游服务贸易出口与经济增长的两种引致关系：（1）前者以美国次债危机和欧洲主权债务危机为典型案例，分析经济增长剧烈变动对旅游服务贸易出口的影响；（2）后者以北京奥运会和上海世博会为典型案例，研究旅游服务贸易出口额剧烈变动对经济增长的影响。事件是冲击的缘起，由此促使入境旅游国际收入在国民生产总值占比变动是结果。本书提出以事件引致型冲击效应表征后者，包括突发事件引致型冲击效应和策划事件引致型冲击效应。突发事件引致型冲击对应不利作用的、导致经济衰退的“负冲击”，如美国次债危机和欧洲主权债务危机对旅游专业化的影响。策划事件引致型冲击对应有利作用的、刺激经济繁

荣的“正冲击”,如北京奥运会和上海世博会的影响。

本书基于米德两国模型的相关概念,构建外部冲击事件与外部冲击效应内在机制的经济学内涵。外部冲击事件符合米德两国模型自发性干扰因素特征,外部冲击效应是自发性干扰因素对经济内外均衡产生的影响,即内外处于非均衡状态。由于经济开放,一国的宏观经济政策会产生溢出效应,其所采取的宏观经济政策,本来是为了实现内部经济目标,但是在开放经济条件下,由于国际经济传导机制的作用,会将其所采取的宏观经济政策效应传递到其他经济体中。外部冲击还吸收凯恩斯理论,国民收入的水平取决于总需求,因而引起国民收入波动的主要原因仍然在于总需求。入境旅游国际收入的水平取决于旅游服务贸易进口需求,因而引起入境旅游国际收入波动的主要原因仍然在于总需求。由此,本书提出旅游专业化水平的变动取决于总需求变化,因而旅游专业化波动的主要原因仍然在于需求冲击。

二、开放经济下典型事件的冲击效应

(一)经济领域的典型危机事件及冲击效应

宏观经济层面,美国次贷危机和欧债危机对中国的主要影响在于出口外贸及金融领域。入境旅游层面,经济危机通过国外居民收入水平和汇率变化发挥影响。一是对中国出口外贸的影响,美国和欧盟作为中国重要的出口市场,其需求下降直接导致中国出口降低与社会劳动力供给过剩,国外进口需求疲软与就业压力上升进一步导致我国经济增长速度放缓。旅游服务贸易出口方面,旅游作为非必需性支出,受收入水平变化影响较大。二是作为次贷危机的应对举措,相关国家采取扩张性的货币政策,货币对外贬值。同期,我国对美汇率维持不变,经历着人民币对外升值,使得来自国际游客赴我国旅游消费变得相对昂贵,因而对我国入境旅游国际收入产生负面的冲击。部分国家的货币贬值不仅抑制了本国居民赴华旅游消费需求,也吸引了其他客源国的游客转向该地区进行旅游消费。另外,金融危机也促使许多国家政府控制资金外流,保护本国利益,如限制居民出境旅游。

(二)典型国际赛事会展事件及冲击效应

从传统的凯恩斯主义宏观经济学角度看,奥运会、世博会等国际性、超大型策划事件对经济体的影响属于需求冲击。(1)世界性、超大型策划事件,如奥运会和世博会,可以促进经济短期增长。此类事件带来的经济冲击(投资、消费、出口、政府债务等)能够创造更多的劳动力和产出需求,从而促进国内就业和国民收入在数量上(而不是长期增长率)的增加。这种需求冲击在很大程度上是暂时性的和短期性的,尤其是会在奥运会、世博会举行期间集中爆发,形成需求的“峰聚效应”。(2)世界性、超大型策划事件促进经济长期增长取决于技术促进效应。按照内生型增长模型的假设,经济机构可以“干中学”,奥运会和世博会将提供可观的学习机遇,为主办地带来更多的基础性资源或者生产过程改进以及资源的集约化利用,由此产生技术进步,从而提高经济增长率。

三、开放经济冲击下地区响应的典型模式

(一)典型国际赛事会展承办地的响应模式

北京方面,围绕2008年北京奥运会开展筹备、促销、组织活动以及后奥运经济建设,成为当地应对这一时期国内外各种冲击事件的关键举措。2008年的北京奥运效应极大缓解了当年自然灾害、各种突发事件,特别是国际金融危机等不利因素对北京入境旅游的负面影响。2009年国际金融危机与甲型流感疫情叠加效应下,北京市加强对市场主体的奖励措施。其间,北京旅游业发展目标确立为打造国际重要的体育赛事中心、会展中心以及旅游目的地,通过举办大型国际旅游节庆活动,打造国际化旅游节庆品牌,提升北京作为旅游目的地的知名度,实现从旅游推介参与方向主办方的转变。

上海方面,世博会筹备期间,上海全力提升旅游目的地竞争力和客源地互动深度。一是建立上海世博会利益相关方参与合作机制。二是以地方标准的出台,提升重点领域旅游接待服务质量。同时,联合国内外有关地区和机构,开展区域旅游整体品牌的推广与促销。世博会举办期间,上海突出安全工作与质量建设。一是加快完善世博旅游的基础设施或公共服务供给。二是多层面推进世博旅游质量的提升。三是建立建全世博旅游安全保障机制。四是以“2010中国世博旅游年”“2010上海世界旅游资源博览会”“2010中国国际旅游交易会”等大型国际会展和节庆活动吸收后世博旅游红利。

(二)典型外向型经济地区的响应模式

浙江方面,侧重建立建全旅游发展政策规划体系,包括推动重大产业政策的出台和构建旅游规划体系,推进旅游发展的标准化和现代化。打造浙江旅游品牌体系,包括积极融入国家旅游品牌体系和创建浙江旅游“十百千”工程等地方品牌。全省以商贸合作深化营销效力,积极承办中国国际旅游商品博览会等国

家级商贸会展活动,采取发放旅游消费券等针对性措施,抵抗国际金融危机和甲型 H1N1 流感双重冲击。

广东方面,加强区域产业促进政策供给,明确提出“把旅游业建设成为广东国民经济战略性支柱产业和人民群众更加满意的现代服务业”。深度整合粤港澳旅游资源和品牌,结合 CEPA 政策和“144 小时便利签证”措施,推进粤港澳三地个人游政策。探索国际旅游推介与中外文化交流主题活动融合发展,包括中日邦交正常化 35 周年、意大利“中国文化年”、“中越友好年”,开展多元化促销与交流活动。

(三)典型综合政策改革地区的典型模式

海南方面,重点建设国际旅游岛支撑政策体系,进一步推进对外开放政策创新,包括改革旅游团免签证政策、国际旅游购物政策,开辟新航线增加航班频次等。打造海南旅游品牌的国际合作支撑网络,联合香港推出“海南度假 + 香港购物”的“一程多站”旅游产品以及签署邮轮合作协议等。提升旅游公共服务硬件,包括建成海南岛东环铁路,国际游轮泊位和国际游轮码头。积极开展国际会议节庆活动,打造博鳌亚洲论坛、博鳌国际旅游论坛、国际邮轮博览会,举办世界女子沙排巡回赛、环海南岛国际大帆船赛等赛事。

四、旅游专业化冲击效应的周期特征

(一)旅游专业化冲击效应的周期特征

开放经济对旅游专业化的冲击效应具有以下周期特征。一是旅游专业化波动周期的长度相近, 5 年左右较为常见。例外的是 1996 年至 2003 年波动周期变长,广东省旅游专业化波动周期长度在近来 4 个周期持续缩短。二是波动幅度下降明显,波谷深度持续扩大。上述指标显示,五省市旅游专业化增长的稳定性大幅提高,旅游专业化增长的抗衰退能力有所增强。三是波动周期平均位势呈现波浪上升状态。其中,北京、上海两市波动周期平均位势呈现波浪上升状态,即两地旅游专业化波动增长潜力的释放虽不稳定,但显示了改善的迹象。浙江、广东和海南三省波动周期平均位势呈不规则性波动状态,三地旅游专业化波动增长潜力的释放仍不稳定。

上述结论具有稳健性。文中运用 High-Pass 滤波算子分离旅游专业化潜在值与波动风险,分别以参数 6.25 和 100 对东部五省市旅游专业化的年度数据进行分解比较。各地不同参数所得序列的主要周期特征高度一致,即周期长度、波峰波谷时点、波动幅度和平均位势的变化趋势相近。尽管各地的两组旅游依存趋势序列的均值相同，但是变化路径差异较为明显，参数 100 所得旅游依存趋势序列更为平滑，参数 6.25 所得到的旅游依存趋势变化路径具有更明显的结构性变化。参数选择对旅游专业化冲击效应的响应方向的影响十分有限。历次重大事件年份，广东地区旅游专业化冲击效应的响应方向完全一致，并未因参数的不同而不同。

（二）重大事件冲击效应的特征比较

重大事件冲击效应的一致性体现在三个方面：一是该事件对旅游造成了一定的影响，即该年度的旅游专业化偏离潜在趋势值，旅游专业化出现缺口；二是事件与旅游专业化曲线上的“凸形峰”或“凹形谷”存在着对应关系；三是部分年份旅游专业化增速变化具有一致性。其中，1994 年汇率并轨之际人民币急剧贬值，受其影响五省市旅游专业化增速显著加快。2003 年 SARS 疫情暴发对五地产生了直接而剧烈的冲击，旅游专业化波动敞口均为负值。2008 年美国次贷危机影响持续扩大，演变为全球性金融危机，同期叠加 3.14 拉萨暴力事件、汶川大地震和北京奥运会效应。受上述影响，东部五省市旅游专业化增速全面下滑，风险敞口全部由正转负。2010 年欧洲主权债务危机影响扩大，甲型 H1N1 疫情尚未消除，与此同时上海举办第 41 届世界博览会。综合影响之下，东部五省市旅游专业化增速全面上扬。

部分重大事件揭示开放经济对东部五省市的冲击效应具有异质性。一是 1997 年香港回归效应与亚洲金融危机效应叠加下东部五省市旅游专业化增长轨迹出现分化。北京、上海、广东持续走低，浙江、海南得到进一步提升。二是 1998 年来自亚洲金融危机的影响持续发酵，同年夏季暴发长江流域特大洪水，影响叠加之下东部五省市旅游专业化增速出现分化。北京、广东两地增速回升，上海、浙江、海南增速放缓。三是 2007 年美国次贷危机爆发后，东部五省市旅游专业化风险敞口出现三种变化。包括上海地区旅游专业化增速小幅上调，北京、海南增速下滑，但仍位于潜在趋势线上方，以及浙江、广东旅游专业化增速持续下滑至潜在趋势线下方。四是 2009 年美国次贷危机影响得以控制，欧洲主权债务危机爆发，全球部分地区及我国国内出现甲型 H1N1 疫情，多重影响叠加之下东部五省市旅游专业化增速向两个方向调整。一方面，北京、浙江、广东旅游专业化增速回升。另一方面，上海和海南旅游专业化增速进一步下滑并且持续位于潜在趋势下方。五是 2013 年人民币急剧升值与严重雾霾天气的冲击效应叠加。受此影响，北京、上海、浙江、广东四地旅游专业化增速下滑。

五、旅游专业化冲击效应的传导特征

计量分析发现，开放经济冲击东部五省市的旅游专业化发展，导致旅游专业化短期波动具有不确定性；这种影响同时存在于当下与不久的将来。具体来说，不确定性既有来自过往旅游专业化增长率短期波动的影响，也有当下冲击造成的影响，而且后者具有非对称性；冲击造成的不确定性还将由旅游专业化增长率的短期波动传递给长期趋势；两者对应冲击传导的不同阶段，形成了开放经济对旅游专业化的冲击传导路径。

比较分析表明，开放经济冲击旅游专业化发展，具有以下传导特征。一是旅游专业化承受的冲击及其带来的波动内在不确定性程度，由强至弱依次为广东、海南、北京、浙江、上海。二是不同类型冲击下，广东、海南、北京、浙江与上海五地的旅游专业化增长率波动变化存在非对称性，广东和海南不利新息影响比利好新息影响更明显，北京、上海、浙江利好新息影响较之不利新息影响更加深刻。三是政策干预等非预期因素刺激不仅引发当下的旅游专业化增长率调整，还将影响邻近年份的旅游专业化增长率做相似调整。四是冲击不仅改变旅游专业化增长率的短期波动，还将通过后者改变其长期趋势；具体来说，冲击下旅游专业化增长率短期调整幅度越大，长期趋势提升幅度越明显；上述影响由强至弱依次是广东、海南、北京、上海、浙江。

基于上述特征，提炼得到开放经济冲击旅游专业化的不同模式。以旅游专业化冲击传导机制的两个关键环节特征，即非对称性和风险偏好，提出旅游专业化冲击传导机制的四种模式：顺势升级、逆势升级、不可持续型和脆弱型。就观察地区而言，各地旅游专业化增长能不畏外界干扰，将冲击效应转化为增长的动力，包括以广东与海南为代表的逆势升级模式，以北京、上海与浙江为代表的顺势升级模式。比较两种模式，具有逆势升级特征的地区，冲击对旅游专业化升级的促进效应更强，逆境激发的增长比顺境带来的发展更为显著。就同一升级模式而言，促进效应与冲击向旅游专业化短期波动传导环节的非对称性程度相反，非对称性越弱，促进效应越强。

后 记

五年前，入职中国旅游研究院，自己开始转向旅游可持续发展方面的研究。五年来，参与国家及地方旅游政策、战略、规划制订和研究的工作经历，使自己对旅游发展思路、模式和经验有了更为直观的感受。2017年9月至2018年8月，自己有幸成为原国家旅游局机关挂职锻炼队伍的一员。在政策法规司政策研究室的挂职经历，提升了自身的政策理论水平和业务素养，为理论知识与实践相结合提供了有利条件。在此期间，见证了国家文化和旅游部的成立，深化了自己对新时期文化和旅游融合发展的认识。

写作是自身思考的成果，也是工作环境和研究领域相结合的产物。目前，国内外有关旅游专业化的研究文献较为丰富。这些成果不乏理论创新和真知灼见。通过博采众长，潜心研究，终于有了本书的问世。著书的初衷有三：一是理论联系实际，特别是立足中国国情，力求为国内外从事中国旅游研究和政策制定的人们提供借鉴与启示；二是在继承的基础上提升。不求全面创新，只求有所创新。广泛吸纳相关领域成果，在继承的基础上阐发出新意，形成的自己的思想。三是坚持逻辑和历史的统一、宏观与中观相统筹、理论与实证相结合的原则，力求框架、体系科学、完整、有所创新。

尽管依据上述设想而写，然而，由于理论、见识和精力有限，设想与现实仍可能有一段距离。笔者诚恳倾听读者的批评，愿意不断完善自己的结论，与时俱进，共同提升旅游研究水平。本书在写作过程中，参阅和选用了大量的文献资料，虽然已经尽己所能地标明出处，仍有可能遗漏，特致歉意和谢忱。

最后，也是最重要的，向支持、指导自己开展旅游研究的亲人、领导和朋友致以最诚挚的谢意！感谢家人一直以来的理解、爱护与包容，让自己能全身心地投入学术研究。感谢中国旅游研究院院长戴斌教授身体力行并鞭策自己践行新时代旅游学者的时代担当。感谢原国家旅游局政策法规司满宏卫司长等领导、同事给予我的关怀和指导。感谢南开大学出版社让本书得以面世，同时，感谢尹建国主任、李冰编辑、张燕编辑为本书的出版所做的大量工作。我的研究助理王平参与了参考文献的整理工作，赵珂怡参与了文稿的校对工作，在此表示衷心的感谢。

作 者

2019年8月 北京

参考文献

[1] 卞显红,金霞,秦萍,安镭洙. 中韩相关事件对双向旅游流流动的影响 [J]. 商业研究,2011(12):187-192.

[2] 成观雄,喻晓玲. 突发事件对边疆地区入境旅游的影响:以新疆 7·5 事件为例 [J]. 经济地理,2015,35(05):204-208.

[3] 陈振明. 公共政策分析 [M]. 北京:中国人民大学出版社,2003:410-414.

[4] 陈友龙,等. 我国旅游业发展与经济增长的因果关系研究 [J]. 衡阳师范学院学报,2006,27(1):93-96.

[5] 陈庆云. 公共政策分析 [M]. 北京:北京大学出版社,2011:212-215.

[6] 陈西果. 欧债危机的回顾与反思 [J]. 青海金融,2014(04):38-41.

[7] 陈镇,方建伟. 我国城市入境旅游需求的影响因素研究:基于上海长线市场的案例分析 [J]. 科技和产业.2016,16(8):39-44.

[8] 陈卫,黄秀娟,朱佳佳,杨闽芳. 海南省签证制度对入境旅游的影响 [J]. 海南热带海洋学院学报,2018,25(03):62-67.

[9] 崔巍等. 旅游政策法规 [M]. 北京:电子工业出版社,2008:12.

[10] 党炳康,全祖馨. 北京奥运会的回顾与展望:兼谈北京奥运经济及后奥运问题 [J]. 渭南师范学院学报,2009,24(02):80-82.

[11] 邓创,吴泰岳,石柱鲜. 我国潜在产出、自然利率与均衡汇率的联合估计及其应用 [J]. 数理统计与管理,2012,31(03):398-408.

[12] 丁建臣,林凤萍. 欧债危机卡米略特之谜 [J]. 中央财经大学学报, 2013(07):32-36.

[13] 杜泳,李睿,韩旭. 金融危机对广东入境旅游经济及市场的影响 [J]. 科技通报,2013,29(09):222-227

[14] 范媛. 国际关系对中国沿海省市入境旅游的影响研究 [D]. 青岛:中国海洋大学,2014.

[15] 付磊. 奥运会影响研究:经济和旅游 [D]. 北京:中国社会科学院研究生院,2002.

[16] 高军. 改革开放 35 年来北京入境旅游人数历时动态分析:基于年序列异常值剔除数据 [J]. 经济管理,2013,35(9):121-130.

[17] 戈冬梅. 中国主要旅游城市入境旅游发展趋势的分形分析：以北京为例 [J]. 消费导刊.2007(9)：7+3.

[18] 桂文林，韩兆洲. 危机事件对中国入境旅游外汇收入影响评估 [J]. 旅游学刊，2010，25(12)：28-36.

[19] 何昭丽，孙慧. 西部民族地区旅游专业化对经济是祝福还是诅咒？[J]. 广西民族研究，2015(01)：160-166.

[20] 焦永明. 北京奥运会对上海世博会的启示 [D]. 北京：中国社会科学院研究生院，2010.

[21] 鞠国华. 外部冲击问题研究 [D]. 吉林：吉林大学，2010.

[22] 凯恩斯. 就业、利息和货币巧论 [M]. 伦敦：麦克米伦公司，1936：56.

[23] 廉月娟，李树民. 欧洲主权债务危机对北京入境旅游市场的影响研究 [J]. 生产力研究.2013(5)：99-102.

[24] 梁峰. 中国旅游服务贸易发展研究 [D]. 上海：华东师范大学，2010.

[25] 廖筠. 公共政策定量评估方法之比较研究 [J]. 现代财经(天津财经大学学报)，2007，27(10)：67-70.

[26] 李开宇，张艳芳. 中国入境旅游受突发性事件影响的时空分析及其对策 [J]. 世界地理研究，2003(04)：101-109.

[27] 李晋宏，李玉轩. 事件旅游的突变效应与持续影响研究：平遥古城及晋商文化旅游区案例分析 [A]// 徐红罡，Alan A Lew. 事件旅游及旅游目的地建设管理 [M]. 北京：中国旅游出版社，2005.

[28] 李金早. 当代旅游学 [M]. 北京：商务印书馆，中国旅游出版社，2018.

[29] 李锋，孙根年. 基于旅游本底线法(TBLM)的旅游危机事件研究：以 2003 年 SARS 事件为例 [J]. 人文地理，2006(04)：102-105.

[30] 李锋. 目的地旅游危机管理：机制、评估与控制 [D]. 西安：陕西师范大学，2008.

[31] 李锋. 基于本底线的不同性质旅游危机事件影响比对研究：以中国 4 次旅游危机事件为例 [J]. 旅游学刊，2009，24(04)：73-78.

[32] 李楠. 世博会对上海经济的影响 [D]. 大连：东北财经大学，2010.

[33] 李天锋. 开放条件下经济周期波动传导机制研究 [D]. 上海：复旦大学，2011.

[34] 李永群，刘仲华，管克江，丁大伟. 欧洲推动再工业化增强抵御危机能力 [N]. 人民日报，2011-11-28(10).

[35] 李锋，孙根年，付埼. 基于抗周期性角度的我国旅游产业政策效用评估研

究：以四次旅游产业政策为例 [J]. 经济地理，2013，33（6）：162-169.
[36] 李梦瑶，赵骁博. 雾霾对我国入境旅游的影响研究：以北京入境旅游为例 [J]. 时代农机.2016，43（07）：90-94.
[37] 刘金全. 宏观经济冲击分析 [J]. 吉林大学社会科学学报，2000（01）：27-31.
[38] 刘树成. 现代经济辞典 [M]. 南京：凤凰出版社，江苏人民出版社，2005，112-121.
[39] 刘睿，李立华，唐伟. 旅游是战略性支柱产业还是独立经济增长因子：关于国外旅游和经济增长关系研究的综述 [J]. 旅游学刊，2013，28（05）：35-42.
[40] 刘福承. 刘爱利. 基于灰色关联分析法的旅游因素关系分析：以北京入境旅游市场为例 [J]. 首都师范大学学报（自然科学版）.2016，37（3）：84-90.
[41] 卢二坡，王泽填. 短期波动对长期增长的效应：基于省际面板数据的经验证据 [J]. 统计研究，2007，24（06）：32-36.
[42] 马丽君，孙根年.30 年来危机事件对中国旅游业发展的影响及比较 [J]. 经济地理，2009，29（06）：1005-1010.
[43] 马丽君，孙根年，马耀峰，王洁洁，舒静静. 极端天气气候事件对旅游业的影响：以 2008 年雪灾为例 [J]. 资源科学，2010，32（01）：107-112.
[44] 米德. 国际经济政策理论：国际收支 [M]. 李翀，译. 北京：首都经济贸易大学出版社，2001：3.
[45] 牟岚. 欧债危机背景下的中欧经贸关系研究 [D]. 大连：东北财经大学，2014.
[46] 庞世明. 张凌云. 陆琪等. 北京入境旅游市场景气指数研究：基于国际货物贸易和入境旅游的关系 [J]. 北京第二外国语学院学报.2013，35（09）：29-34.
[47] 彭端淑. 为学一首示子侄 [A]// 李朝正，徐敦忠. 彭端淑诗文注 [M]. 成都：巴蜀书社，1995.
[48] 彭斯达，陈继勇. 中美经济周期的协动性研究：基于多宏观经济指标的综合考察 [J]. 世界经济，2009，32（02）：37-45.
[49] 世界旅游组织（UNWTO）. 旅游业危机管理指南（Crisis Guidelines for the Tourism Industry）[J]. 饭店现代化，2003（3）：14-17；2003（4）：16-18；2003（5）：26-27.
[50] 苏继伟. 邱沛光. 旅游业对地区经济发展的贡献分析 [J]. 统计与决策，2005（8）：115-116.
[51] 苏建军，孙根年，徐璋勇. 旅游发展对我国投资、消费和出口需求的拉动效

应研究 [J]. 旅游学刊,2014,29(2):25-35.

[52] 孙金年. 政策的价值与时空效应 [J]. 松辽学刊(社会科学版), 1991(3):59-63.

[53] 孙根年. 我国境外旅游本底趋势线的建立及科学意义 [J]. 地理科学, 1998,18(05):51-57.

[54] 孙根年,王洁洁.1987 年来台海关系变化对台湾入境大陆客流量的影响 [J]. 地理学报,2009,64(12):1513-1522.

[55] 孙根年,周瑞娜,马丽君,王泰然.2008 年五大事件对中国入境旅游的影响:基于本底趋势线模型高分辨率的分析 [J]. 地理科学, 2011, 31(12):1437-1446.

[56] 孙岚,董晓波,高从燕. 世博会对于旅游业影响力的定量评估:以上海海外入境旅游人数为例 [J]. 淮海工学院学报(自然科学版).2012, 21(3):52-56.

[57] 田祥利. 旅游目的地突发事件对西藏入境旅游影响分析与响应机制研究 [J]. 西藏民族学院学报(哲学社会科学版),2012,33(05):45-50+138.

[58] 田祥利,白凯. 旅游目的地突发事件对西藏入境旅游市场规模影响与政策响应 [J]. 旅游学刊,2013,28(03):38-46.

[59] 汤铎铎. 中国经济周期波动的经验研究:描述性事实和特征事实(1949~2006)[D]. 北京:中国社会科学院研究生院,2007.

[60] 陶金龙,等. 苏州市旅游业经济拉动效应的实证分析 [J]. 社会科学家, 2004(5):99-102.

[61] 王迪. 李克强会见出席中国发展高层论坛 2019 年年会的境外代表并座谈 [N]. 人民日报海外版,2019-03-26(03).

[62] 王航宇,孙玲,王计平. 基于 ARCH 和 GARCH 模型的重大事件对中国旅游业影响研究:以旅游业作为战略性支柱产业为例 [J]. 淮海工学院学报(自然科学版), 2012,21(04):76-80.

[63] 王慧娴,张辉. 中国旅游政策评估模型构建与政策变量分析 [J]. 旅游科学,2015,29(5):1-13.

[64] 王慧娴. 中国旅游政策的经济效应及空间分异研究 [D]. 西安:陕西师范大学,2016.

[65] 王洁洁,孙根年,舒镜镜. 20 年来中美关系及危机事件对旅游流双向互动的影响 [J]. 旅游学刊,2009,24(05):12-19.

[66] 王洁洁. 国际关系及重大事件对出入境旅游的影响 [D]. 西安:陕西师范大

学,2011.
[67] 王宪勇. DSGE 框架下的中国经济波动研究 [D]. 大连:东北财经大学,2009.
[68] 王铮,袁宇杰,熊文. 重大事件对上海市入境旅游需求的影响:基于 ADL 模型的分析 [J]. 旅游学刊,2010,25(04):44-49.
[69] 魏小安,韩健民. 旅游强国之路:中国旅游产业政策体系研究 [M]. 北京:中国旅游出版社,2003:313-325.
[70] 吴书锋,罗秋菊,蒋文晖. 大型事件旅游的开发与管理研究 [J]. 江西财经大学学报,2003(06):87-90.
[71] 吴金友. 开放条件下我国货币政策应对经济周期波动的有效性研究 [D]. 上海:上海社会科学院,2011.
[72] 武海荣,苏建军.1992 年来中日关系变化对入境旅游非对称性的影响研究 [J]. 未来与发展,2012,35(09):35-39.
[73] 习近平. 在中国国际友好大会暨中国人民对外友好协会成立 60 周年纪念活动上的讲话 [N]. 人民日报, 2014-05-16(02).
[74] 习近平. 创新增长路径 共享发展成果:在二十国集团领导人第十次峰会第一阶段会议上关于世界经济形势的发言(2015 年 11 月 15 日)[M]. 北京:人民出版社, 2015.
[75] 习近平. 构建创新、活力、联动、包容的世界经济:在二十国集团领导人杭州峰会上的开幕辞(2016 年 9 月 4 日,杭州)[N]. 人民日报, 2016-09-05(03).
[76] 习近平. 在庆祝改革开放 40 周年大会上的讲话(2018 年 12 月 18 日)[M]. 北京:人民出版社, 2018.
[77] 萧红,杨凤美.2010 亚运会对广东入境旅游的影响研究 [J]. 战略决策研究,2010,1(03):72-81+84.
[78] 谢彦君. 旅游学概论 [M]. 大连:东北财经大学出版社,1999:193-199.
[79] 新华社. 李克强总理会见采访全国两会的中外记者并回答提问 [EB/OL]. (2019-03-16)[2019-09-26]. http://www.gov.cn/guowuyuan/2019-03/16/con-
[80] tent_5374193.htm#allContent.
[81] 徐凡. 次贷危机主导市场剧烈动荡全球金融市场 2007 年回顾与 2008 年展望 [J]. 国际金融,2008(01):25-28.
[82] 徐红罡, Alan A Lew. 事件旅游及旅游目的地建设管理(会议论文集)[M]. 北京:中国旅游出版社,2005.

[83] 徐秀美，杨扬. 基于 ARIMA 模型的危机事件对入境旅游需求的影响分析：以丽江为例 [J]. 云南地理环境研究，2014，26（04）：60-64.

[84] 邢维颖. 重大事件对北京旅游业的影响研究 [D]. 天津：天津商业大学，2008.

[85] 阎友兵，张静. 基于本底趋势线的雾霾天气对我国入境游客量的影响分析 [J]. 经济地理，2016，36（12）：183-188.

[86] 曾军，李敏. 重大事件与城市的可持续发展问题：以上海世博会为中心 [J]. 甘肃社会科学，2011（04）：142-146.

[87] 张辉，成英文. 中国旅游政策供需矛盾及未来重点领域 [J]. 旅游学刊，2005，30（7）：6-7.

[88] 张朝云. 中国旅游服务贸易出口竞争力及其影响因素研究 [D]. 合肥：安徽大学，2019.

[89] 张连城，韩蓓. 中国潜在经济增长率分析：HP 滤波平滑参数的选择及应用 [J]. 经济与管理研究，2009（03）：22-28+86.

[90] 张红光.2010 年上海世博会的旅游效应及对会展旅游的启示 [J]. 现代商业，2011（06）：33-35.

[91] 张婷. 经济危机中的政府作为研究 [D]. 济南：山东大学，2015.

[92] 张铁生，孙根年，马丽君. 危机事件对张家界旅游影响评价：基于本底线模型的高分辨率分析 [J]. 经济地理，2012，32（10）：145-151.

[93] 张子昂，黄震方，孔少君，陈晓艳，徐冬冬. 近 30 年浙江省入境旅游周期波动特征及影响机制 [J]. 经济地理，2016，36（01）：1177-1192.

[94] 张子昂，黄震方等. 浙江省县域入境旅游时空跃迁特征及驱动机制. 地理研究.2016，35（6）：186-193.

[95] 张应武，赵文华. 海南离境退税政策促进了入境旅游吗：基于海南入境旅游人数决定因素的实证研究 [J]. 海南大学学报（人文社会科学版），2018，36（03）：85-91.

[96] 张育军. 回顾美国次贷危机的三个阶段 [EB/OL].（2014-10-8）[2018-10-20]. http://finance.sina.com.cn/zl /stock/20141008/082720479347.

[97] 赵多平，孙根年，马丽君，苏建军. 欧美入境中国旅游客流量成长及多周期分析 [J]. 世界地理研究，2012，21（04）：107-114.

[98] 赵磊. 旅游发展与中国经济增长效率：基于 Malmquist 指数和系统 GMM 的实证分析 [J]. 旅游学刊，2012，27（11）：44-55.

[99] 赵磊，毛润泽. 旅游发展、门槛效应与经济增长：来自中国的经验证据 [J].

山西财经大学学报,2013,35(12):69-83.
[100] 赵磊,方成,吴向明.旅游发展、空间溢出与经济增长:来自中国的经验证据 [J].旅游学刊,2014,29(05):16-30.
[101] 中华人民共和国国家旅游局.中国旅游年鉴 2008[M].北京:中国旅游出版社,2008.
[102] 中华人民共和国国家旅游局.中国旅游年鉴 2009[M].北京:中国旅游出版社,2009.
[103] 中华人民共和国国家旅游局.中国旅游年鉴 2010[M].北京:中国旅游出版社,2010.
[104] 中华人民共和国国家旅游局.中国旅游年鉴 2011[M].北京:中国旅游出版社,2012.
[105] 中华人民共和国商务部综合司.中国对外贸易形势报告(2019 年春季)[R/OL].(2019-05-24)[2019-08-16].http://zhs.mofcom.gov.cn/article/cbw/2019[106]05/ 20190502866408.shtml.
[106] 周文丽,李世平.基于凯恩斯消费理论的旅游消费与收入关系实证研究 [J].旅游学刊,2010,25(05):33-38.
[107] 周振华.我国产业政策经济效应偏差分析 [J].经济研究, 1990,(11): 21-27+20.
[108] 朱明芳,刘思敏.TRAMO/SEATS 在危机事件中对旅游影响研究的应用 [J].旅游学刊,2007(06):69-74.
[109] 朱明芳.金融风暴对中国入境旅游影响的研究 [J].暨南学报(哲学社会科学版),2010,32(03):169-174+277.
[110] 朱迎波,葛全胜,魏小安,董培南,何连生,彭唬.SARS 对中国入境旅游人数影响的研究 [J].地理研究,2003,22(05):551-559.
[111] 左冰.旅游能打破资源诅咒吗:基于中国 31 个省(市、区)的比较研究 [J].商业经济与管理, 2013,(5):60-69.
[112] Antonakakis N, Dragouni M, Filis G.How strong is the linkage between tourism and economic growth in Europe? [J]. Economic Modelling, 2015, 44:142-155.
[113] Arslanturk Y, Balcilar M and Ozdemir Z A. Time-varying linkagesbetween tourism receipts and economic growth in a small openeconomy [J]. Economic Modelling,2010,6(3):1-8.
[114] Baxter M, R G King, Measuring Business Cycles: Approximate Band-Pass

Filters for Economic Time Series[J]. The Review of Economics and Statistics, 1999, 81:575-593.

[115] Balaguer J and Cantavella-Jordá, M. Tourism As a Long-Run Economic Growth Factor: The Spanish Case [J].Applied Economics, 2002, 34(7):877-884.

[116] Bhagwati J, Srinivasan T.Trade policy and development [A].// Dornbusch R, Frenkel J.International economic policy: theory and evidence [M]. Johns Hopkins University Press, Baltimore, 1979: 1-35.

[117] Bojanic D C, Lo M. A comparison of the moderating effect of tourism reliance on the economic development for islands and other countries[J]. Tourism Management, 2016, 53:207-214.

[118] Bollerslev T.General Autoregressive Conditional Heteroscedasticity [J].Journal of Econometrics, 1986, 31(3):307-327.

[119] Brida J, Pulina M. A literature review on the tourism-led-growth hypothesis [R/OL].Working Paper CRENoS, Centre for North South Economic Research, University of Cagliari and Sassari, (2010) [2015-11-3].https: // EconPapers.repec.org/RePEc:cns:cnscwp:201017.

[120] Brau R, Lanza A, Pigliaru F.How fast are small tourism countries growing? Evidence from the data for 1980-2003 [J].Tourism Economics, 2007, 13(4): 603-613.

[121] Can Tansel Tugcu. Tourism and economic growth nexus revisited: A panel causality analysis for the case of the Mediterranean Region [J]. Tourism Management, 2014, 42:207-212.

[122] Cassedy K. Crisis Management Planning in the Travel and Tourism Industry [M]. San Francisco: Pacific Asia Travel Association, 1991.

[123] Chang C L, Khamkaew T, McAleer M. IV estimation of a panel threshold model of tourism specialization and economic development [J].Tourism Economics.2012, 18(1):5-41.

[124] Chen C F, Chiou-Wei S Z. Tourism expansion, tourism uncertainty and economic growth: New evidence from Taiwan and Korea [J].Tourism Management, 2006, 30: 812-818.Journal of Monetary Economics,

[125] Cooley Thomas J, Lee E Ohanian.The cyclical behabior of prices[J].Journal of Monetary Economics, 1991, 28(1):25-60.

[126] Correia Issable H，Joao L Neves，Sergio T Rebelo. Business cycles from 1850-1950：new facts about old data [J].European Economic Review，1992，36（3）:459-367.

[127] Cortés-Jiménez I，Pulina M，Prunera C，et al.Tourism and Exports as a means of Growth [R/OL].IREA Working Papers 200910，University of Barcelona，Research Institute of Applied Economics，（2009-05）[2015-11-3] https：//ideas. repec.org/p/ira/wpaper/200910.html.

[128] David B，Patrick K.International Evidence on the Historical Properties of Business Cycles [J].American Economic Review，1992，81（4）:864-888.

[129] David C Bojanic，Melody Lo.A comparison of the mode rating effect of tourism reliance on the economic development for islands and other countries [J]. Tourism Management，2016，53：207-214.

[130] Deegan J，Dineen D A.Developments in Irish Tourism，1980-1996 [J]. International Journal of Tourism Research，2000，23（1）：163-170.

[131] Drabek T E.Disaster planning and response by tourist business executives [J]. Cornell Hotel and Restaurant Administration Quarterly，1995，36（3）：86-96.

[132] Dredge D M，Jenkins J M. Tourism planning and policy [M]. Milton：John Wiley & Sons，2006.

[133] Faulker B.Towards a framework for tourism disaster management [J].Tourism Management，2001，22（02）：135-147.

[134] Figini P，Vici L. Tourism and growth in a cross-section of countries [J]. Tourism Economics，2010，16（4）：789-805.

[135] Getz D. Event Management & Event Tourism [M]. New York：Cognizant Communication Corporation，1997，22-40.

[136] Hodrick R J. Prescott E C. Postwar U.S. Business Cycles：An Empirical Investigation [J].Journal of Money，Credit and Banking，1997，29（1）：1-16.

[137] Holzner.M.Tourism and economic development：The beach disease？ [J]. Tourism Management，2011，32（4）：922-933.

[138] International Monetary Fund，Public Information Notice：IMF Reforms Exogenous Shocks Facility [EB/OL].（2008-10-8）[2018-04-20].https：//www.imf. org /en/ News/Articles/2015/09/28/04/53/pn08130.

[139] Ioannis C，George F，Bruno E，Alexandros A. Oil prices，tourism income and economic growth：A structural VAR approach for European Mediterra-

nean countries[J].Tourism Management, 2013,36:331-341.

[140] Javier C P, Antoni R F, Jaume R N.Dutch Disease in Tourism Economies. Evidence from Spain[R/OL]. CRE Working Papers 2005/01, Centre de Recerca Econòmica, (2005-01) [2015-11-03]. https://ideas.repec.org/p/pdm/wpaper/2005-01. html.

[141] Jalil A, Mahmood T, Idrees M. Tourism–growth nexus in Pakistan: Evidence from ARDL bounds tests[J].Economic Modelling. 2013,35:185-191.

[142] Kim H J, Chen M H, Jang S.Tourism expansion and economic development: The case of Taiwan[J]. Tourism Management, 2006,27(5): 925–933.

[143] Krueger A O.Trade police as an input to development [J]. American Economic Review,1980,70(02):288-292.

[144] Lucas R E. Expectations and the Neutrality of Money [J].Journal of Economic Theory,1972(4):103-124.

[145] Lucas R E.An Equilibrium Model of the Business Cycle [J].Journal of Political Economy,1975,83(6):1113-1144.

[146] Lucas R.On the mechanics of economic development [J].Journal of Monetary Economics,1988,22(1):3-42.

[147] Lanza A, Pigliaru F. Specialization in tourism: The case of small open economy [A] // Coccossis H. and Nijkamp P.Sustainable Tourism Development [C]. Aldershort: Avebury, 1995:91-103.

[148] Lanza A.Pigliaru F.Why are tourism countries small and fast-growing? [A].// Fossati A, Panella G.Tourism and Sustainable Economic Development [M] . Dordrecht: Kluwer Academic Publishers, 2000:57-69.

[149] Lee C C, Chien M S.Stability of money demand function revisited in China [J]. Applied Economics, 2008,40(24):3185-3197.

[150] Mathieson A, Wall G.Tourism: Economic Physical and Social Impacts [M] . London: Longman, 1982.

[151] Mankiw N, Romer D, Weil D. A contribution to the empirics of economic growth [J].Quarterly Journal of Economics, 1992, 107(2): 407-437.

[152] María del P, Pablo R, Josė A M.Tourism and economic growth: A review of empirical literature [J].Tourism Management Perspectives, 2013(8):28-41.

[153] Nelson, Daniel B. Conditional Heteroskedasticity in Asset Returns: A New Approach [J].Econometrica.1991,59(2): 347-370.

[154] Nikolaos A，Mina D，George F. How strong is the linkage between tourism and economic growth in Europe? [J].Economic Modelling，2015，44：142-155.

[155] Nowak J J，Sahli M，Cortes-Jimenez I.Tourism，Capital Good Imports and Economic Growth：Theory and Evidence for Spain[J]. Tourism Economics，2007,13(4):515-36.

[156] Odularu G O. Does tourism contribute to economic performance in West Africa? [J]. Anatolia,2008,19(2):340-345.

[157] Oh C O，Morzuch B J. Evaluating time-series models to forecast the demand for tourism in Singapore [J].Journal of Travel Research，2005，43(4)：404-413.

[158] Po W.Huang B.Tourism development and economic growth：A nonlinear approach [J]. Physica A：Statistical Mechanics and its Applications，2008，387(22):5535-5542.

[159] Ravn M，H Uhlig.On adjusting the HP：Filter for the frequency of observations [J]. Review of Economics and Statistics，2002,84(2):371-376.

[160] Sachs J D.Warner A M.Natural resources and economic development：the curse of natural resources [J].European Economic Review，2001，46：827-838.

[161] Salih T Katircioglu.Revisiting the tourism-led-growth hypothesis for Turkey using the bounds test and Johansen approach for cointegration [J].Tourism Management,2009,30(1):17-20.

[162] Scott N. Tourism policy：A Strategic review [M].Oxford：Goodfellow Publishers,2011.

[163] Sequeira T N，Nunes P M.Does tourism influence economic growth? A dynamic panel data approach [J].Applied Economics，2008，40(18)：2431-2441.

[164] Sonmez S F，Apostolopoulos Y，Tarlow P. Tourism in Crisis：Managing the Effects of Terrorism [J].Journal of Travel Research,1999,38(1):13-18.

[165] Soukiazis E,Proenca S.Tourism as an alternative source of regional growth in Portugal：a panel data analysis at NUTS II and III levels [J]. Portuguese Economic Journal,2008,7(1):43-61.

[166] Tang C F，Tan E C.Does tourism effectively stimulate Malaysia's economic

growth? [J].Tourism Management,2015,46:158-163.

[167] UNWTO.Crisis Guidelines for the Tourism Industry,2003.

[168] Zhang H Q, Chong K, Ap J. Analysis of tourism Policy development in modern China [J].Tourism Management,1999,20(4):471-485.